田径运动体能训练

王丙振 著

化学工业出版社

·北京·

图书在版编目（CIP）数据

田径运动体能训练/王丙振著．—北京：化学工业出版社，2016.11（2025.5重印）
ISBN 978-7-122-28299-6

Ⅰ.①田… Ⅱ.①王… Ⅲ.①田径运动-体能-身体训练-研究 Ⅳ.①G820.2

中国版本图书馆CIP数据核字（2016）第246189号

责任编辑：刘亚军　张　赛　　　装帧设计：张　辉
责任校对：王素芹

出版发行：化学工业出版社
　　　　　（北京市东城区青年湖南街13号　邮政编码100011）
印　　装：北京盛通数码印刷有限公司
880mm×1230mm　1/32　印张7　字数203千字
2025年5月北京第1版第11次印刷

购书咨询：010-64518888
售后服务：010-64518899
网　　址：http://www.cip.com.cn
凡购买本书，如有缺损质量问题，本社销售中心负责调换。

定　价：29.00元　　　　　　　　　　　版权所有　违者必究

前言
FOREWORD

　　体能训练是运动训练的重要组成部分。结合专项需要并通过合理负荷的动作练习，可以改善身体形态，提高各器官机能，充分提升运动素质，促进运动成绩提高。体能训练是技术训练和战术训练的基础，对掌握专项技战术、承担大负荷的训练和激烈的比赛、促进运动员身体健康、防止伤病及延长运动寿命等具有极为重要的意义。田径运动涉及人体力量、速度、耐力和柔韧等多种基础性运动能力，而跑、跳、投、走等各个运动项目对专项体能训练提出了许多个性化的特殊要求。因此，田径运动体能训练体现了综合性和专业性的和谐统一。

　　本书从田径各个项目和广大运动爱好者运动体能训练的实际需要出发，分析国内外最新研究成果和优秀教练员及运动员的实践经验。同时，在内容上从田径运动专项对体能训练的需要出发，每个练习都说明各自的主要适用项目、目的、方法、要求，尽可能浅显易懂地向大家系统地介绍田径运动体能训练的实用方法和手段。

　　本书共分八个章节，其中第一章主要阐述体能训练的理论基础，第二章、第三章详尽介绍了体能训练的科学控制及田径运动项目的基本技术，第四章至第七章主要介绍了田径速度、柔韧、耐力、力量素质训练，第八章主要介绍田径体能训练测评的内容。

　　本书围绕田径运动的方方面面，对田径体能训练做了理论性分析，希望能够对田径体能进行训练的教练员与运动员的工作有所裨益。本书写作过程中，参阅了诸多的文献，借鉴了一些专家学者的观点，在此表示衷心的感谢！由于笔者能力和时间所限，书中难免存在疏漏和不当之处，恳请广大读者批评指正！

著　者

2016年6月

目录
CONTENTS

绪论 ··· 001

第一章　田径体能训练的理论基础 ··· 003
　　第一节　田径体能训练的生理学基础 ··· 003
　　第二节　田径体能训练的生物化学理论 ·· 009

第二章　田径体能训练的科学控制 ·· 015
　　第一节　田径体能训练的基本原则 ·· 015
　　第二节　田径体能训练计划的制订 ·· 031
　　第三节　体格检查和自我医务监督 ·· 038
　　第四节　常见运动损伤及其处理 ··· 043
　　第五节　田径体能训练的准备活动 ·· 050
　　第六节　田径体能训练心理调控 ··· 059

第三章　田径运动类项目的基本技术 ··· 065
　　第一节　竞走类项目基本技术 ·· 065
　　第二节　跑类项目基本技术 ··· 069
　　第三节　跳类项目基本技术 ··· 083
　　第四节　投掷类项目基本技术 ·· 098

第四章　田径速度素质训练 ·· 115
　　第一节　走跑速度素质训练 ··· 117

　　　　第二节　跳跃速度素质训练……………………………………125
　　　　第三节　投掷速度素质训练……………………………………129

第五章　田径柔韧素质训练……………………………………132
　　　　第一节　走跑柔韧素质训练……………………………………133
　　　　第二节　跳跃柔韧素质训练……………………………………140
　　　　第三节　投掷柔韧素质训练……………………………………145

第六章　田径耐力素质训练……………………………………150
　　　　第一节　田径有氧耐力训练……………………………………151
　　　　第二节　田径无氧耐力训练……………………………………154
　　　　第三节　田径有氧无氧混合训练………………………………159

第七章　田径力量素质训练……………………………………162
　　　　第一节　竞走类项目力量素质训练……………………………164
　　　　第二节　短跑类运动项目的力量训练…………………………167
　　　　第三节　中长跑类运动项目的力量训练………………………168
　　　　第四节　跳跃类运动项目的力量训练…………………………171
　　　　第五节　投掷力量素质训练……………………………………173

第八章　田径体能训练的测评…………………………………176
　　　　第一节　体能训练测评及应用…………………………………176
　　　　第二节　田径体能训练负荷的安排……………………………195
　　　　第三节　田径体能训练测定……………………………………201
　　　　第四节　田径体能训练的评价…………………………………210

参考文献………………………………………………………………217

绪论

体能（physical fitness）是指人类适应生活、工作、学习等活动所具备的各种身体能力，是人们对健康的全新认识。体能同时拥有体育、运动及休闲活动三者的属性，既可以是知识技术的传授，也可以是借运动、游戏、竞争而达到身体适应的效果，还可以是欢愉地、自愿地善用闲暇时间。体能是运动员的综合运动能力的体现，而体能训练则是运动员较为全面的能力训练。运动员的比赛成绩，不仅仅由其运动技术所决定，还受多种因素的影响，比如自身比赛心理状态、自身战术等。因此，只有多种可变因素得到有效调节和控制，运动员才有可能取得优异的成绩。所以，体能训练在全面提高运动员的综合能力方面发挥着非常重要的作用。

体能一词源起美国。1971年，美国的体能和体育运动总统委员会（The Presidents Council Physical Fitness and Sports）定义体能为个人足以胜任日常工作以外，还有余力享受休闲，能够应付突如其来的变化及压力的身体适应能力。香港学者钱伯光博士在其所著的《Keep Fit手册》中较为详细地解释了体能的概念：身体能简称体能，包括与健康相关的体能和竞技运动相关的体能两大范畴。良好的健康体能可让身体应付日常工作、余暇活动和突发事件；与运动相关的体能是可以确保运动员运动表现和成绩的能力，如爆发力、速度、耐力、柔韧和敏捷等，其目的在于取胜和创造纪录。各种教材中，对体能概念的界定也不尽相同。1984年由上海辞书出版社出版的《体育辞典》中的"体能"词条是我国大陆学者对体能概念所做的较早的一种解释，基本上与我国港、澳、台地区的体能概念相同，即"体能是人体各器官系统的机能在体育运动中表现出来的能力，包括两部分：力量、速度、灵敏、耐力和柔韧等基本身体素质与人体的基本活动能力（如走、跑、跳、投掷、攀登、爬越和支撑等）"。此外，《体育教育展望》对体能的定义为："使每个人在各种不同的状况下，应该选择最适合自己需要的运动方式和运动量来增强自己的体能，以保持最佳的健康状态"。《体育与健康》一书对体能定义为："有足够的活力和精神进行日常事务，有足够的精力享受余暇，应付突发事件，而不至于过度疲倦"。

美国运动医学会认为体能可以划分为两类，一类是与健康有关的称为健康体能，包括心肺耐力（心肺适能）、肌肉力量、肌肉耐力、柔韧性等；另一类是与动作技能有关的称为技能性体能，包括灵敏性、平衡协调性、速度、肌肉爆发力、反应时间等。与功能康复有关的称为功能性体能。健康体能是指任何人群所必需的系统器官的机能，是竞技体能的基础；竞技体能是在健康体能的基础上，进一步发展的竞技比赛所需的身体机能。

运动员的竞技体能的发展受多种因素的影响。先天性的体能受遗传因素影响，后天性的体能则主要通过有效的体能训练获得。体能训练是运动训练过程的重要组成部分。体能训练的直接任务就是根据各个运动项目的特征，选择训练内容并通过有效的训练方法和手段，对运动员机体施加适宜负荷，充分挖掘运动员的竞技潜能，从而改造运动员身体形态，提高机体的机能，增进健康和提高身体素质。体能训练过程是一个不断重复进行的"刺激—反应—适应"的过程，是身体结构与机能之间的平衡不断被破坏与重建的循环过程，它是教练员有目的地、按计划地施加给运动员的适宜运动负荷刺激，使之产生所预期的适应性变化。

第一章
田径体能训练的理论基础

　　田径运动员从事体能训练，不仅要掌握训练的方法，还要学习和了解田径体能训练的基本理论，这有助于田径运动员更好地参加体能训练，保证田径体能训练的科学性和有效性，从而提高体能训练的效果和质量。本章将从田径体能训练的生理学、营养学和生物化学方面对田径体能训练的理论基础做阐述。

第一节　田径体能训练的生理学基础

一、田径体能训练的生理本质

　　一切生物机体都具有"刺激反应适应"的基本特征，生物机体都是在"刺激—反应—适应"反复作用的基础上获得发展的。这同样适用于体能训练，人体机能也在这样的不断往复中获得了一定程度的提升，从而促使体能进一步发展。

1. 运动负荷的本质

运动负荷是以身体练习为基本手段对有机体施加的训练刺激。对于这种训练刺激的反应，机体主要表现为生理和心理两个方面。通常所说的运动负荷是生理负荷，即机体在生理方面所承受的训练刺激。这些刺激对与运动相关的各器官系统的机能状态产生不同程度的影响。因此，生理负荷量的大小可以通过某些生理或生化指标来衡量。

运动负荷通常会通过外部形式和内部形式表现出来。其外部表现为量和强度，内部表现为心率、血压等生理机能指标的变化。刺激强度与运动负荷的大小成正比，即运动负荷越大，刺激强度就会越大，所引起的机体反应程度也会相对增大，各项生理指标的变化更为明显；反之亦然。

2. 对运动负荷的适应与训练效果

（1）对运动负荷的适应性。机体的基本特征有应激性和适应性两种。田径运动员通过长期系统的体能训练可促使机体各器官系统的形态、结构、生理机能等方面发生一系列的适应性改变。其中，系统力量训练引起的肌肉肥大、肌纤维增粗和肌肉力量增长，耐力训练引起的"运动性心脏增大"等，反映了机体对长期运动负荷刺激的良好适应，也充分说明了运动负荷适应性的重要作用。

（2）训练效果。训练效果是"刺激—反应—适应"的最终结果和充分体现。田径体能训练后的恢复阶段，人体所消耗的能源以及酶等物质不仅得以恢复，而且会发生超量补偿；训练过程中所损伤的肌纤维不仅能够获得修复而且修复后的肌纤维会有所增粗，从而产生更大的收缩力量。因此，恢复阶段有助于机体结构的改善和机能的提高。田径运动员应重视不断重复进行"刺激—反应—适应"的过程，这不仅是身体结构与机能之间的平衡被不断破坏与重建的循环过程，也是机体对训练负荷刺激适应的过程。这一过程的科学性和合理性，可以使运动员获得更好的体能训练效果。

二、影响田径体能训练的生理学因素

1. 影响力量素质训练的生理学因素

（1）最大肌肉横断面积。即横切某块肌肉所有肌纤维所的横断面积，它是由机体肌纤维的数量及肌纤维的粗细所决定，通常用平方厘米表示。生理学研究表明，人体每平方厘米横断面积的肌肉在最大用力收缩条件下可以产生 $3 \sim 8$ 千克的肌力。机体肌肉的最大横断面积与该肌肉的力量是正比例的关系，即肌肉的最大横断面积越大，肌肉力量就越大。在田径体能训练中，田径运动员为了增强肌肉力量，通常会进行相应的力量训练。值得注意的是，肌肉横断面积并不能完全解释力量训练中的所有生理学现象。

（2）肌肉初长度。田径运动员的肌力大小与肌肉收缩前的初长度呈正比例关系。造成这一生理现象的原因主要表现在：① 肌肉本身具有弹性，在受到快速牵拉时可弹性回缩；② 肌肉拉长时，通过牵张反射机制提高了肌肉的对抗力，即用肌纤维回缩的形式对抗肌肉被动拉长。在田径体能训练中，肌肉初长度对田径运动员动作的充分发挥具有重要影响。如跳跃类项目，运动员在做踏跳、推手、落地等动作中，主动肌的预先被动拉长等都会受到肌肉初长度的影响。

（3）肌纤维类型。根据肌肉的收缩特性，可以分为快肌和慢肌两种。其中，快肌产生的收缩力比慢肌大。研究发现，快肌、慢肌的纤维横断面积和收缩力量都可以在力量训练的影响下相应增加，但快肌纤维增加的速度要快于慢肌纤维增加的速度。

（4）神经因素。① 中枢驱动，即人体中枢神经系统动员肌纤维参加收缩的能力；② 神经中枢对肌肉工作的协调及控制能力；③ 中枢神经系统的兴奋状态，其会促使机体大量释放肾上腺素、乙酰胆碱等生理活性物质，进而促进肌肉力量增强。

2. 影响速度素质训练的生理学因素

（1）影响反应速度的生理学因素

① 中枢神经的兴奋状态。机体的反应速度受中枢神经系统兴奋

状态的影响，其兴奋度越高，机体的反应速度就会越快。② 反射活动的复杂程度。它决定了反应时间的长短，对机体的反应速度起着重要的影响。③ 刺激强度。机体的反应速度同样受刺激信号强度的影响，信号对机体的刺激越强，机体对信号的反应就越大。④ 注意力集中度。机体反应速度受个体注意力的影响，注意的集中程度越高，机体的反应速度就越快。⑤ 遗传因素。调查研究表明，机体的反应速度中遗传因素达75%以上。

（2）影响动作速度和位移速度的生理学因素。① 身体形态。它对速度素质的影响主要取决于田径运动员四肢的长度。② 能量供应。③ 肌肉力量。④ 肌纤维百分比。⑤ 神经系统的功能。⑥ 遗传因素。

（3）影响耐力素质训练的生理学因素主要包括有氧耐力和无氧耐力。① 有氧耐力主要体现在氧运输系统的功能水平、神经系统的调节能力、骨骼肌的氧利用、能量供应水平以及能量利用效率。② 无氧耐力表现为骨骼肌的糖无氧酵解能力，肌肉对酸性物质的缓冲能力，神经系统对酸性物质的耐受能力。

（4）影响柔韧素质训练的生理学因素。① 肌肉组织、韧带组织的弹性；② 神经过程转换的灵活性；③ 关节的柔韧性；④ 性别差异；⑤ 年龄特征。不同年龄阶段的田径运动员，机体的柔韧性会有很大的区别。

三、田径体能训练效果的生理评定

长期系统的田径体能训练能够形成田径运动员独特的身体形态和机能特征，这是机体对运动负荷刺激的良性适应结果，即训练效果。通过适宜的方法对田径运动训练效果进行分析与评定，可为田径体能训练的科学化提供参考和依据。关于系统训练的生理学适应特征，可以通过以下几个方面进行评定。

1.安静状态下的生理学适应特征

经过长期系统的田径运动训练，在运动负荷刺激的作用和影响下,田径运动员的运动系统、氧运输系统、神经系统等各器官系统所表现的良好适应性最为明显。

(1)运动系统的特征。① 骨骼肌。田径体能训练对骨骼肌的影响主要表现为肌肉体积增大、横断面积增大、肌肉力量增加等方面。这是由于体能训练尤其是力量训练,可以促进氨基酸向肌纤维内部的转运,使肌肉组织中收缩蛋白质的合成增加,从而促进肌肉肥大和肌力的增长。另外,运动负荷、训练状态及抗氧化剂的补充等是影响肌组织抗氧化能力的主要运动性适应因素。② 骨骼。田径体能训练对骨骼的影响主要表现为骨密度的变化。由于每位田径运动员的情况不同,其训练水平、训练年限及运动项目都会存在一定的差异,这样就会对骨密度造成不同的影响,使其产生不同的变化,并呈现出差异性的特点。研究结果显示,投掷、摔跤等力量性项目的运动员骨密度最高,而耐力性项目运动员的骨密度最低。

(2)运输系统特征。① 循环机能。体能训练对田径运动员的心脏形态结构和心血管机能都会产生影响。其中,安静时心率缓慢和心脏功能性增大是主要的表现形式。优秀的耐力项目运动员,其安静时的心率只有40~50次/分钟甚至更低,表现出明显的机能节省化现象。② 呼吸机能。通常情况下,经过长期体能训练的田径运动员的呼吸肌力量较强,肺活量大,呼吸深度和肺泡通气量大,气体交换的效率高,呼吸肌耐力较好,连续5次肺活量测定值(每次间隔30秒)逐渐增大或者平稳保持在较高水平。未经过体能训练的田径运动员通常达不到如此良好的状态。此外,人体对呼吸运动的控制能力通常是用闭气时间来衡量的,运动员训练水平越高,闭气时间就越长。③ 血液。无论田径运动员有无经过体能训练,血液成分通常没有明显差别,仅某些项目运动员的血液指标有所改变。

(3)神经系统的特征。经过系统体能训练的田径运动员,在安静状态下能够显示出良好的机能特征,在从事田径运动时也能表现出机体机能在动员、生理反应程度以及运动结束后的恢复过程方面明显的优势与特征。

2. 田径运动员在运动与恢复期的生理学特征

（1）心肺机能变化较小。没有经过系统训练的田径运动员主要是靠提高心率和呼吸频率来增大每分钟心输出量和肺通气量。经过系统训练的田径运动员完成定量负荷时，心肺机能的变化较小，心率和心输出量较未经系统训练者低，心率增加的幅度较小，而每搏输出量增加较多，呼吸深度大，呼吸频率较慢。

（2）肌肉活动高度协调。肌电图研究显示，在完成相同的定量负荷时，经过系统训练的田径运动员，肌肉活动程度较小，主动肌、对抗肌和协同肌之间高度协调，肌电振幅和积分值较低，且放电节律清晰，动作电位集中并发生在动作时，在相对安静时动作电位几乎完全消失，表明有关中枢活动的高度协调。

（3）田径运动员对极限负荷的反应特征。在完成极限负荷运动时，要求机体充分发掘自身最大潜力，使相关的各器官系统机能达到最高水平。与没有系统训练者相比，优秀田径运动员的生理功能水平高，机能潜力大，表现出非凡的运动能力和对极限负荷的适应能力。

通常情况下，评定田径体能训练效果的指标主要是氧脉搏、最大摄氧量、最大累积氧亏、最大做功量等极限负荷运动时的生理指标。① 最大摄氧量是反映心肺功能的综合指标，最大负荷运动时未经系统训练者只有2～3升/分钟，而优秀运动员可高达5～6升/分钟。② 氧脉搏是能够有效反映心脏工作效率的指标。③ 最大做功量是受试者在递增负荷达到极量时所完成的功。经过系统训练的运动员最大做功量和做功效率都明显高于未经系统训练者。与未经系统体能训练者相比，优秀的田径运动员在完成极限负荷工作时表现出较高的机能水平和运动潜力，并且在运动开始时，机体机能动员得快，运动结束后机能恢复得也快。④ 最大累积氧亏（MAOD）是人体从事极限强度运动时，完成该项运动的理论需氧量与实际耗氧量之差。研究证明，优秀的短跑运动员MAOD值明显高于耐力项目运动员。因此，田径运动员在进行不同的运动项目训练时，应注意MAOD的变化，从而有效避免对运动项目的训练效果产生消极的影响。

第二节　田径体能训练的生物化学理论

合理掌握人体运动时物质、能量代谢以及身体机能变化的基本规律，合理安排训练计划，并选择最适当的训练方法，运动员才能实现最佳训练效果。本节从物质能量代谢、训练方法的生物化学基础以及运动素质转移方面进行详细介绍。

一、物质能量代谢

人体的物质和能量代谢能力是体能的核心因素，对人体的各种运动能力和机能水平具有决定性影响。根据生物化学的研究，可以把人体能量代谢归纳为磷酸原供能系统、糖酵解供能系统和有氧氧化供能系统。根据不同田径运动项目的特点和要求，能量代谢方式的占比也会有所不同。

1. 速度、力量的代谢基础

（1）磷酸原供能系统。它主要用于短时供能，通常为5～8秒，但输出功率最大。磷酸原系统的训练可采用专项或专门的最大用力、5～10秒重复性练习。在5～10秒大强度运动时，能量的供应几乎全部来源于磷酸原供能，在恢复间歇中仅有少量的乳酸生成。磷酸原供能系统训练最重要的是掌握休息间歇时间。如果间歇时间太短，磷酸原恢复量少，血乳酸水平明显上升，此时对发展磷酸原供能是不利的；若时间过长，磷酸原虽能完全恢复，但是训练密度不足以刺激磷酸原，也不利于磷酸原系统供能能力的提高。

（2）糖酵解供能系统。高强度运动是提高糖酵解供能能力的最有效方法。在极量强度运动中，随着腺苷三磷酸（ATP）、磷酸肌酸（CP）的迅速消耗，糖酵解供能过程在数秒内即可被激活，当运动持续30秒钟左右时其供能达最大速率，可维持1～2分钟，随后供能速率下降，其主要表现为运动强度下降。

2.有氧耐力的代谢基础

有氧代谢供能是指在有氧条件下能源物质氧化分解，生成二氧化碳和水，同时释放能量的供能过程。田径运动员可以通过长时间间歇运动训练来提高有氧代谢供能能力。由于有氧代谢供能需要大量的氧气，因此，除运动时间长以外，还要求降低运动强度，间歇时间也需延长。有氧耐力的代谢基础主要包括糖、蛋白质、脂肪的有氧代谢。

3.三大供能系统之间的关系

人体在进行不同项目的运动时，主要由一个供能系统完成供能任务，但是整个供能任务需要两至三个供能系统才能完成。每个供能系统都有其独特的特点和供能能力，这也是它们分别在不同运动项目中起主要供能作用的决定性因素。通过对三大供能系统的特点的了解，对于分析和掌握不同运动时的主要供能系统有积极的促进作用，对于发展某一运动能力时涉及的主要供能系统也有非常重要的意义。

二、训练方法的生物化学基础

不同田径运动项目的训练方法各不相同，其训练方法的生物化学指标也具有较大的差异。我们从运动能力的遗传性、速度和耐力三大生物化学指标进行详细的介绍。

（1）遗传性。田径运动员的运动能力主要通过骨骼肌中ATP/CP、肌红蛋白的含量、血红蛋白含量以及最高血乳酸浓度等因素反映出来，而这些因素主要受遗传影响。

（2）速度。机体的磷酸原和糖酵解系统的供能能力决定着田径运动员的速度素质。因此，通过田径体能训练，使这两个供能系统发生适宜变化，并使其产生适应，进而达到其提高供能能力的目的的训练，能够有效提高田径运动员的速度素质。要提高磷酸原供能能力，原则上运动强度要达到最大，运动时间不要超过10秒。如果需要多次重复，每次运动后应至少休息30秒，完成10次运动后，应休息3～4分钟。要提高糖酵解系统的供能能力，原则上可采用1分钟全力运动、4分钟休息的重复多次的训练方法，重复5次为一组，休息一段时间后再进行下一组训练。这种训练方法可有效提高糖酵解系统的供能能力。

（3）耐力。田径运动员的有氧氧化系统供能能力越高，其耐力就会越好。因此，田径运动员要想提高耐力，就需要选择时间较长、强度不高的田径体能训练方法。例如，效果较好的长跑、长距离游泳、骑自行车等运动方式，要求一次连续运动的时间在30分钟以上。对于专项性较强的田径运动员而言，还可以采用乳酸阈训练法，就是以使血乳酸达到4毫摩尔/升的强度进行运动训练。

三、运动素质转移

发展某项田径体能素质时，田径运动素质会对其同类素质或其他素质的发展产生影响。因此，熟练地掌握田径体能训练运动素质转移的基本理论及内在规律，可以帮助田径运动员取得最佳的训练效果。

1. 机制及类型

（1）田径体能训练运动素质转移的机制。田径体能训练运动素质转移的机制主要包括有机体的整体性、动作结构的相似性和能量供应来源的同一性三个方面。有机体的整体性是影响田径体能训练运动素质转移的重要机制之一。在田径体能训练中，田径运动员所表现出的运动素质，都是在中枢神经系统的支配下发挥各器官系统的综合作用的结果。田径体能训练中的各种运动动作的结构及肌肉各种特征越相似，则运动素质转移的可能性就越大；能量供应来源的同一性也是影响田径体能训练运动素质转移的因素之一。例如，有氧耐力转移的主要原因是有氧耐力是其他耐力的基础，有氧耐力的训练水平对有心血管系统与呼吸系统的机能状况起着决定作用。

（2）田径体能训练运动素质转移的类型

① 直接转移与间接转移。根据田径体能训练运动素质转移的方

式划分而成。直接转移是指一种运动素质的发展会直接导致另一种素质的改变,或者在同一种素质中产生直接的变化。例如,田径运动员通过提高腿部伸肌的动力性力量水平,则会直接促进跑速提高或跳跃速率的提高。间接转移是指一种运动素质的发展不能直接引起另一种素质的发展,而仅仅为其发生变化提供了先决条件,或间接促使同一种素质的发展。例如,采取静力方式增强腿部的力量,尽管不能够直接提高跑速,但是通过静力性力量训练改变了肌肉的形态结构,并且使肌肉的最大力量获得迅速提高,从而促使其逐步转变为动力性力量,最终提高了跑速。

② 同类转移与异类转移。根据田径体能训练运动素质之间的关系划分而成。同类转移是指同一类运动素质向不同运动项目或不同动作上的转移。例如,举重项目的力量训练可提高田径运动员在投掷、跳跃等运动项目方面的力量水平。所谓异类转移是指存在于不同运动素质之间的转移。例如,力量素质与耐力素质之间的转移,力量素质与速度素质之间的转移,耐力素质与速度素质之间的转移。在运动素质的不同类转移中,最为常见的转移现象是力量素质的提高促成了速度素质的提高。

③ 良好转移与不良转移。根据田径体能训练运动素质转移产生的效果划分而成。良好转移又称为积极转移,即当一种运动素质得到发展时,可促进另一种素质的提高;或在同一种素质中,从一种表现形式的发展转移为另一种形式也得到良好发展。例如,动力性力量的提高可以促进速度素质和灵敏素质的发展,运动员最大速度的提高可促进速度耐力的发展。不良转移又称为消极转移,即一种运动素质的发展对另一种素质的发展产生不利影响;或在同一种运动素质中,某一种表现形式的发展影响了另一种表现形式的提高。例如,在田径十项全能的训练中,田径运动员为提高速度力量性运动项目的成绩而进行力量素质训练,这很容易降低1500米跑运动项目的耐力素质。

④ 可逆转移与不可逆转移。根据田径体能训练运动素质转移产生效果的可能性划分而成。所谓可逆转移,即发生转移的双方相互

之间可以产生转移的效果，任何一方的发展都可使对方产生变化。例如，在力量素质和速度素质之间可实现相互转移。不可逆转移是指单方面的影响和作用。例如，在速度素质的发展中，动作速度的提高能够促进反应速度的提高，但是反应速度的提高却不能够促进动作速度的提高。

2.田径体能训练运动素质转移的关系

田径运动员在进行田径体能训练时应注意按照各运动素质之间的内部联系，选择最有效的训练手段，还应尽量避免运动素质的不良转移的出现。因此，田径运动员需要注意以下几个方面的关系。

（1）转移效果与运动负荷的关系。为了使运动素质产生良好转移并获得理想效果，田径运动员需要保证一定的训练量，通过促使某种运动素质的发展，可以增加运动素质转移的可能性。田径体能训练运动素质的转移在一定限度内与运动负荷成正比，运动负荷量越大，其转移的效果就会越明显。

（2）发展运动素质与运动素质转移后果的关系。田径运动员在发展某种运动素质时，应注意安排一些能够促使运动素质产生良好转移的训练，通过这些训练所产生的良好转移效果来提高自身的运动素质。如果田径运动员在训练中能够预见某种训练会产生不良转移时，就需要对训练的时间、次数以及其他练习手段和方法进行认真考虑和合理安排，从而弥补运动素质不良转移产生的不利后果。

（3）体能训练与运动素质转移程度的关系。田径运动员的体能训练水平会对运动素质转移程度产生很大影响。田径运动员在田径体能训练中应重视对训练手段的选择，通过采用更加有效的、能够产生良好转移效果的训练方法，促进运动成绩的进一步提高。

（4）间接转移与转移效果的关系。在田径体能训练运动素质发展中，运动素质的间接转移通常需要有一个较长时间的转换过程，在短期内很难表现出来。因此，田径运动员要提高自身的体能训练水平，就需要充分利用一切可以利用的因素，合理安排能够产生间接转移效果的训练。

（5）训练不同时期与运动素质转移效果的关系。田径运动体能训练的不同时期对运动素质转移的效果具有一定程度的影响。田径体能训练运动素质的直接转移效果十分显著，且转移效果在短时间内可以表现出来。田径体能训练运动素质的间接转移需要较长的时间，其通常运用于大周期训练的准备期的第一阶段或比赛期的开始阶段，以促使形成竞技状态，从而充分发挥其转移效果。

第二章
田径体能训练的科学控制

第一节　田径体能训练的基本原则

科学的运动训练不仅需要掌握训练理论，也要掌握人体生理机能的变化规律。合理地安排运动训练的各个要素，可使机体产生最佳的反应，实现最佳的训练效果。训练原则是运动训练过程客观规律的反映，是运动训练过程必须遵循的基本要求。体能训练原则是依据体能训练活动的客观规律而确定的组织体能训练所必须遵循的基本准则，是训练活动客观规律的反映，对训练实践具有普遍的指导意义。

一、自觉性原则

自觉性原则是指在训练过程中，运动员在教练员的教育和引导下，自觉、主动地学习和运用有关知识和技能，加深对训练目的的认识，掌握运动技能，提高竞技能力，独立自主地参与规划和制订训练计划以及进行比赛和采用正确的决断。

1. 理论依据

运动员是训练过程的主体,是知识、技能的接受者。当运动员正确认识到从事训练的目的、意义和作用,充满着对未来发展的美好愿望时,才能激发出他们接受长期艰苦的运动训练和比赛的积极情绪。运动训练的本质是对体力负荷建立适应的过程,功能和潜力的充分动员有助于在更高水平上建立适应。如果运动训练是运动员被迫的、无奈的选择,则所有正常的身体和心理负荷都会成为难以逾越的困难,从而使运动员产生消极情绪,功能和潜力的发挥就会受到抑制。

2. 基本要求

(1) 正确的价值观教育。教练员要善于启发诱导运动员,通过各种教育学及心理学的手段,进行训练的目的性教育,逐步树立运动员自觉训练的态度和动机。帮助运动员了解国内外体育运动的发展状况以及使运动员认识到获得优秀运动成绩对振奋民族精神及对国家、家庭及个人的重要意义。

(2) 教练员的主导作用。教练员在训练过程中的主导作用主要体现在正确地安排训练过程和运动员的活动,使其能够发展成为独立思考和行动的人。因此,教练员除关注具体训练外,还要注意关心运动员智育与德育的发展,尽可能地组织运动员参与谈论训练的目标并预测可能的前景。教练员要善于提出问题和要求,特别是要善于开发运动员的智能,提高他们有关训练学的理论知识水平。在此基础上吸引他们参加训练计划的制订,明确训练手段的作用及训练方法的意义。同时,教练员要培养运动员的道德品质,使其积极完成训练和比赛任务,发扬自觉配合和自我牺牲的精神。有意识地培养运动员独立思考的能力,提高运动员在各种复杂的环境及社会条件下较好地控制自己的思想、行为和动作技术的自控能力和应变能力。另外,教练员自身的榜样作用不容忽视,教练员要注意自己的言行,克服简单、粗暴的态度和做法,并以自己的知识、能力和表率作用以及指导运动员通过有效的训练取得优异运动成绩来建立权威，取得运动员的信任，并以此激发运动员训练的积极性。

（3）运动员的主体作用。自觉性教育的一个重要方面是提高运动员在各种复杂的环境条件及社会条件下，较好地控制自己的思想、行为和动作技术的自控能力和应变能力以及自我负责等品质，其表现形式为心理上的稳定性。这种心理的稳定性以及高度的智力和竞技能力，对运动员起着决定性作用。运动员应该把教练员的指导作为不断提高自己竞技能力的方法来理解，从而保证自己能够主动地克服训练中所遇到的困难。

（4）满足运动员合理的需要，正确地运用动力。教练员要关心运动员的生活，安排好他们的衣食住行，创造良好的人际环境，尽可能使他们有安全感，引导运动员形成自我实现的更高层次需要，使他们产生积极从事训练和比赛的动机。

二、区别对待原则

区别对待原则指在运动训练过程中，根据运动员的训练状态、训练任务及训练条件等具体情况，有针对性地组织安排各自相应的训练过程，确定训练任务，选择训练内容、方法、手段，安排好运动负荷的训练原则。教练员应该根据运动员自身的身体能力、潜力、学习特征以及所从事的专项等特点，制订出适合每个运动员特点的个体化方案。也就是说，整个训练过程必须按照运动员的特点进行安排。

1. 理论依据

（1）运动专项需要的多样性。运动员竞技能力（体能、技能、战术、心理、形态等）受多种因素的影响。教练员在选择训练内容和手段时，必须注意不同专项竞技的不同需要，有计划地实施，区别对待。

（2）运动员个人特点的多样性。世界优秀运动员负荷个体化是被广泛认可的。在现代运动训练中，个体化原则已经成为最重要的训练理论之一。教练员需要认真分析每位运动员的个人特点，精心地制订出适合个体发展的训练计划，才能激发出运动员的最大潜能。运动员个人特点包括性别、年龄、生物年龄与训练年龄、竞技水平、生理和心理特点、身体状况、训练情绪等，这些都对训练安排提出了不同的要求。同一名运动员的训练状态在不同阶段、不同时刻，其表现也会不同。此外，不同的训练环境和训练条件也对训练内容和组织实施提出了不同要求。

（3）运动训练和比赛条件的多变性。运动训练过程是个动态发展的过程，不同运动项目、不同运动员及在不同状态下，运动训练过程均处于不断的变化之中。这些因素的不断变化，都要求教练员及时根据运动员的具体情况有区别地组织训练，使其能更好地适应这些变化了的条件。这些条件包括决定竞技能力的各种因素，如教练员的业务水平，对训练的战略部署和战术安排，训练所处的阶段和具体要求，训练和比赛地区的气候、场地、器材以及对手情况等。

2. 基本要求

（1）掌握运动员个体特征。教练员应根据不同运动员的思想、健康状况、训练水平以及学习、工作、日常生活等情况，具体情况具体分析，精心制订适合每个人的训练计划，才能保证运动员发挥出最佳状态。

（2）正确认识运动专项的基本特征。不同运动专项具有不同的发展规律。只有正确认识所从事项目的专项竞技能力的决定因素，并结合专项成绩发展的规律组织安排训练才能取得成功。

（3）充分考虑运动训练和比赛条件。在训练过程中，教练员要充分考虑到运动员所处的训练时期和训练阶段等具体情况，了解不同阶段和不同时期运动员的特点，以做出正确的计划。

（4）正确处理集体和个人的关系。在全队集体训练时，教练员要对全队有共同的要求，并进行统一的指导，除此之外，还必须针对个人，进行个别要求及指导。教练员既要注意到全队的训练和比赛任务，又要考虑到个别队员的具体情况，根据训练的具体任务和实施训练过程中的变化，恰当地分配指导精力，使运动员认可自己的安排，并让运动员感到教练员的安排符合自己的实际情况。

三、一般训练和专项训练相结合原则

一般训练和专项训练相结合原则是指在运动训练过程中，教练员根据运动项目的特点、运动员的水平、不同训练时间、阶段的任务，恰当地安排一般训练和专项训练的训练比重。一般训练是指在运动训练过程中，以多种身体练习、训练方法和手段全面提高运动员的各器官系统的机能，发展运动素质，改善身体形态和心理品质，教练员掌握提高专项的其他项目的运动技术和理论知识，可以使运动员的专业素质、技术、战术以及心理品质得到最大幅度的提高，为创造优异的专项成绩打下坚实的基础。专项训练是指在运动训练过程中，以专项运动本身的动作及比赛性练习，以及与专项运动动作相似的练习，提高专项运动水平所需要的各器官系统的机能，发展专项运动素质和心理品质，掌握专项运动的技术、战术、理论知识。专项训练目的在于最大限度地提高运动员的专项成绩。

一般训练是为专项运动成绩的提高打下良好的运动素质、技术战术、心理品质的基础；专项训练则是直接为创造优异的专项成绩而服务。但一般训练和专项训练的目的一致，它们既相互促进，又相互制约。在训练实践中，教练员要根据运动员的不同水平和层次的实际情况，在训练过程的不同时期和阶段，合理地安排好一般训练与专项训练的比重。

1. 理论依据

（1）人是一个有机的整体。人是一个有机的整体，各器官之间紧密联系又相互影响。在训练过程中，运动负荷给予机体施加的刺激使各器官系统产生的适应性变化也是相互联系、相互作用的。任何一种专项运动本身对运动员各器官系统机能的影响都在不同程度上有一定的局限性。运动员进行一般训练时，采用多种练习内容、方法和手段可以补充专项训练的不足，从而促进各器官系统的全面提高，为运动员创造优异的运动成绩打下良好的基础。

（2）各运动素质的发展相互转移。力量、速度、耐力、柔韧和灵敏等运动素质不是孤立存在和发展的，它们相互促进、相互制约，在素质发展过程中相互转移。运动素质转移是指由于某一种素质的发展影响到另一种素质的发展，它包括直接转移和间接转移、良好转移和不良转移、同类转移和非同类转移以及可逆转移和不可逆转移等。

（3）一般训练对专项训练的调节作用。专项训练的内容、方法和手段主要是专项运动本身，过多地进行专项训练，容易引起有机体局部负担过重和中枢神经系统的疲劳。教练员安排运动员做适当的一般训练，则能起到积极的调节作用，从而更好地提高专项训练的效果。

（4）专项训练提高成绩的作用。一般训练只能起基础和调节作用，而运动训练的目的是挖掘运动员的潜能，创造优异的运动成绩，因此，只有通过专项训练才能保证运动员掌握专项技术和战术，发展专项所需的机能能力和运动素质。

2. 基本要求

（1）一般训练的内容和手段的选择必须考虑全面性和实效性。由于受到训练时间、专项特点、训练条件的限制，一般训练的内容应少而精，既要对专项素质产生良好的影响，又要形成和巩固在运动中起辅助作用的战术等。

（2）一般训练既要全面又要反映专项化的特点。全面是指通过一般训练来发展运动员的各种机能能力和运动素质。虽然一般训练发展的不是专项训练所特有的能力，但同样对专项成绩起积极作用。因此，教练员在练习内容和时机的安排上，要注重运动素质和运动技能的转移。

（3）一般训练和专项训练应保持适宜的比例。一般训练和专项训练的安排存在一定的矛盾，由于各运动专项具有不同的特点，不同层次运动员的训练水平、运动年龄、训练任务等不同，一般训练和专项训练的组成比例也不同。值得注意的是，尽管在运动训练的过程中，人体机能和形态被进一步改造的空间是逐步减少的，但在运动员训练的高级阶段，一般训练仍然具有重要的作用。

（4）一般训练和专项训练的结合要考虑与练习之间的关系，形式要灵活多样。各种练习要达到良好的训练效果都有必要的训练前提，比如速度和力量性练习需要神经系统有良好的兴奋性和充足的能量物质储备，才能取得良好的效果。同时，由于各种练习后机体恢复过程时间的不一样，所产生的后效作用保持时间不同，因此要考虑课与课、练习与练习的搭配顺序和间歇时间。

综上所述，一般训练和专项训练是训练过程中不可缺少的两个方面。任何一个方面的减弱，都会导致运动训练效果的减弱，甚至失败。因此，教练员应该有机地结合一般训练和专项训练，从训练的对象、项目特点及不同训练实际出发，恰当地安排好两者的比例关系。

四、"三从一大"训练原则

"三从一大"训练原则指从难、从严、从实战需要出发，科学地进行大负荷训练的原则。我国体育界于20世纪60年代提出"三从一大"训练原则，至今仍是指导我国各运动项目训练实践的训练原则之一。

20世纪70年代末，由于竞技体育训练的飞速发展，以负荷量增长提高运动成绩的训练方式遇到了困难。随着生物学现代技术等的介入，国际竞技体育进入"科学训练阶段"，更加倡导训练科学化。因此，在新的形势下对"三从一大"训练原则也就提出了新的要求。

1. 从难

"从难"就是指训练要有难度，要设置各种困难，让运动员在更为艰难、复杂的条件下勤学苦练，攀登竞技高峰。由于不同项目的特点不同，其训练难度也有差异，教练员应该根据项目的特点、训练的不同时期及运动员个体特征等在训练过程中给予不同的分析。

2. 从严

"从严"包含了两个方面，一方面是指运动队的管理，教练员要制订训练规章制度，并进行严格管理。俗话说，"三分训练，七分管理"，所以教练员要根据运动员身心发展的规律以及运动员训练所处的不同阶段，结合具体情况进行科学管理。另一方面是指训练过程，包括对训练计划的制订和实施，训练技术和训练负荷指标的质量保证以及训练作风的培养等。因此，教练员要坚持从实际需要出发的从严，要求运动员在不同训练阶段、不同训练周期、不同训练课上，甚至每一个练习的细节上做到高标准、严要求。

3. 从实际出发

它是"三从一大"训练原则的核心，是现代运动训练的最根本原则。训练要从实战需要出发，增加比赛性练习，提高运动员实际的比赛能力。

4. 大负荷训练

"一大"是指大运动负荷，是运动员在承受一定的外部刺激时，使有机体在生理和心理方面所承受的总刺激，包括负荷强度与负荷量这两个既互相区别又相互联系的基本结构。在训练过程中，大负荷是必需的，但要是同一性质的基础上的"大"应该是符合专项特点。"一大"的实质是教练员根据运动项目的规律、运动训练过程的不同阶段、运动员的个人特点等具体情况，科学地选择运动员要训练的内容、方法和手段以及安排负荷强度和负荷量。

五、系统训练原则

系统训练原则是指持续地、循序渐进地组织运动训练过程的训练原则。这一原则的确立与运动训练过程的连续性和阶段性的基本特性密切相关。系统训练原则强调运动员只有长时间、持续地进行训练，才有可能攀登竞技运动的高峰；同时又强调在一般情况下，必须循序渐进而不是突变式地增加训练负荷，才能取得理想的训练效果。

1. 理论依据

(1) 各运动项目竞技能力各要素的发展都有各自的体系和内在联系,反映了各运动项目由低到高、由易到难、由简到繁发展的规律。因此,教练员要根据运动项目体系及其内在联系,以一定的顺序安排运动员的训练内容、选用训练方法和手段,使运动员循序渐进地掌握技术、战术,提高运动员的身体素质,并逐步提高要求,才能取得良好的训练效果。

(2) 人体生物适应的长期性。包括体能在内的构成运动员竞技能力的各个部分,均需要经过长时间的训练才能得到明显改善和提高。运动员体能的改变要以运动员形态和机能系统的提高为基础,从而表现出来高度发展的运动素质,运动员有机体对训练负荷的生物适应必须通过有机体自身的各个系统、各个器官等的逐步改造才能形成。

(3) 训练效应的不稳定性。运动员在负荷作用下所提高的竞技能力具有不稳定的特点,当训练的系统性和连续性遭到破坏而出现间断或停训的时候,已经获得的训练效应也会消失,甚至完全丧失。为避免这种情况,必须在训练效应产生并保持一定时间的基础上重复给予负荷,使得训练的效应得到强化和累积,并不断改进和完善。

(4) 人体生物适应的阶段性。人体在训练负荷下的生物适应过程具有长期性、阶段性。机体对一次适宜训练负荷的反应可分为工作、疲劳、恢复、超量恢复和训练效应消失等几个阶段。在更长一段时间的跨度内,如几个月至一年的训练过程中,运动员机体能力的变化同样经历着不同的阶段,即竞技状态的形成、保持和消失三个阶段。

2. 基本要求

(1) 运动训练过程的组织实施是按照阶段性的特点,有步骤、有秩序地进行,这一步骤的排列有其固有的程序。运动员坚持多年的不间断训练,能够使有机体所产生的一系列适应性良好变化获得长期的积累,训练水平得到提高。系统训练原则要求训练过程的每次课、每个小周期、每个训练时期以至每个训练大周期都与上一次课、上一小周期、上一训练时期和上一大周期有机地联系起来，使之在原有基础上不断提高。训练内容、方法和手段的选择应以各训练时期、阶段具体训练任务为基础，教练员应充分考虑它们之间的内在联系和本身特点，按照从易到难、从浅入深、从已知到未知的要求进行安排。

（2）为保证训练过程系统不间断的进行，教练员要使训练的各阶段有机地衔接起来，运动员系统的多年训练活动，必须以健全的训练体制作为保证。如我国的三级训练体制，包括中小学课外训练、业余体校和竞技运动学校的训练，以及优秀运动队的训练三个层次。三级训练体制担负着训练过程中不同阶段的训练任务。各训练的组织形式之间需要密切配合，在内容的安排、训练和比赛的要求以及所承担的具体任务上都要结合起来。

（3）训练过程中，教练员要充分注意并采取有力措施防止运动员发生运动损伤。这是因为运动损伤会影响训练的系统性和连续性，产生伤病还会使训练长期中断，甚至影响运动员的运动寿命。

六、适宜负荷原则

适宜负荷原则是指根据运动员的现实情况和提高运动员竞技能力的需要，在训练中给予相应量度的负荷，以取得理想训练效果的原则。运动员在训练中承受了一定的运动负荷后，必然会产生相应的训练效应。但不是施加了运动负荷就一定会产生良好的训练效果。因此，教练员要合理地安排运动负荷，应能够根据训练任务、对象水平，逐步且有节奏地按照人体机能的适应规律加大运动负荷，直至最大限度；要求训练中遵循"加大→适应→再加大→再适应"的规律去安排运动负荷；负荷的递增是在一定的生理变化范围内，通过人体适应过程的规律实现的。

1. 理论依据

（1）超量恢复规律。在运动训练的过程中，运动员有机体对运动负荷的反应一般为：耐受→疲劳（能量消耗）→恢复→能量补偿（恢复）→消退。训练后若安排有足够的恢复时间，在身体结构和机能重建完成后，运动中所消耗的能量等物质以及所降低的身体机能不仅能得以恢复，而且会超过原有水平，这种现象称作"超量补偿"或"超量恢复"。由于超量补偿所导致的机能改善称之为"训练效果"，产生尽可能多的训练效果是运动训练的目的。在一定的生理范围内，运动负荷的刺激越大，机体能量消耗就越多，疲劳程度就会越强烈。运动负荷解除后，如果能科学地安排一定的休息时间和方式，那么能量物质的恢复就会加快，产生"超量恢复"的水平就会增高，人体在此基础上所表现出的运动能力就会越强。

在训练实践中，对机体的负荷通常都是连续施予的，几次负荷之间不同的间隔与联系会产生不同的效应。如果在前次负荷后机体的超量恢复阶段再施予负荷，会使机体水平不断提高；而如果前次负荷后运动员的机体还没有得到恢复便再次施予负荷，就会导致机能水平的下降。

（2）生物适应规律。适应性是生物体最基本的生理特征之一。适应性表现在若长期施加某种刺激，机体会通过自身形态、结构与机能的变化以适应这种刺激。人体对训练刺激的适应也不例外。有机体在生理极限范围内承受一定负荷的过程中会产生某种适应性反应。当有机体适应这一负荷后，会出现"机能节省化"现象。如果一段时间内，负荷刺激仍停留在原水平上，有机体的机能水平就会停留在原有水平上。因此，只有在适应的基础上，通过不断地加大运动负荷，对机体施加不断的强烈刺激，才能使机体不断获得新的适应，从而提高运动员的竞技能力水平。

（3）过度负荷。过度负荷是指超过运动员承受能力，导致运动员机体产生严重劣变的训练负荷。训练过程中，如果施加于运动员的训练负荷超出运动员在该时相所能够承受的负荷极限，机体各系统功能的正常运行就会遭到破坏，甚至会造成组织损伤等病理性劣变，破坏已经获得的积极的训练效果，还会损害运动员的身心健康。因此，在训练过程中，教练员要科学分析运动员机体承受负荷的最大能力，避免盲目过大或过多地施加运动负荷。

2. 基本要求

运动负荷是训练过程中，通过各种身体练习手段与方法，以及比赛对运动员有机体（生理与心理）所施加的刺激。运动成绩来自于运动负荷的作用，是运动负荷所产生效应的综合结果。

（1）正确理解负荷的构成。运动负荷应包括定性和定量两部分，只有对训练手段和方法定性后，再做定量，才能对运动负荷做出正确的计量。

运动负荷的定性包括以下三个方面：① 运动负荷的专项性。专项的特点是随着运动成绩水平的不断提高而不断变化的。专项训练是提高运动成绩的直接因素，是运动员取得理想成绩的唯一途径。② 运动负荷对能量供应系统的作用方向。一切人体运动都需要通过肌肉的收缩来实现，肌肉运动的能量供应有磷酸原系统、乳酸能系统和有氧氧化三个系统，它们分别参与不同工作时间、不同工作强度、不同能量需要的运动。训练的重点是根据项目要求的不同，发展相应的能量供应系统。因此，确定练习时肌肉工作主要以哪些供能系统产生作用是运动负荷定性的内容之一。③ 动作协调的复杂程度。协调性的复杂程度是训练中客观存在的。在周期性运动项目中动作协调的复杂程度比较单一，对运动负荷的影响不大；但跳跃或投掷类项目，协调性的复杂程度则决定着运动负荷大小与比赛的效果。协调性的复杂程度越高的练习，有机体承受的负荷就越大。要对此做出量化的定性，难度较大，目前在很大程度上还是经验性的评定。

运动负荷的定量是指运动训练过程中的任何一个运动负荷都包含着负荷的量与强度这两个方面。前者反映运动负荷对机体刺激的量的大小，后者反映运动负荷对机体刺激的深度。① 运动负荷量的评价指标一般为次数、时间、距离、重量等，次数是指训练中重复练习的次数；时间是指统计单位中（一种练习、一次课、一周、一年或其他单位）训练的总时间；距离是指完成各种周期性练习的距离；重量是指完成练习的总负重量。② 运动负荷强度的评价指标是指通过练习的速度、远度、高度、单位练习的负重量或练习的难度予以衡量。这些测量的方法和指标分别适用于不同的运动项目和不同的练习。

（2）正确认识运动负荷刺激的生理临界水平。运动负荷量的增加会带来良好的训练效果，而且越接近运动员承受能力的极限，运动效果就越加明显。运动负荷的大小是相对的，是由人体存在的个体差异及个体在不同时期承受运动负荷最大限度的能力所决定的。科学地安排运动负荷，其前提就是科学地分析每一阶段每位运动员所能承受运动负荷的生理临界水平及其变化阈值。作为教练员，只有掌握这一临界线的动态变化特点，才能使负荷安排做到有的放矢，富有针对性。运动负荷量度临界值的大小既随着运动员的发育程度、竞技水平等较为稳定的状态的变化而变化，也受到运动员健康状况、日常休息、心理状态因素的影响。因此，测定评价运动负荷刺激的生理临界必须有充分的科学依据。

在实践中，掌握运动负荷的生理临界线需要借助生理生化指标进行分析。运动负荷刺激的临界点很难把握，需要教练员不断在实践中探索。在对运动负荷极限的认识还不具备把握的情况下，应注意避免过度训练的出现。

（3）正确处理负荷量与负荷强度的关系。运动负荷量和运动强度构成了运动负荷的整体，它们彼此依存又相互影响，由于运动负荷的表现形式多种多样及组合方式不同，处理好两者关系是正确安排运动负荷的关键。任何运动负荷量都是以一定的强度为条件而存在的，任何运动负荷的强度又都以一定的运动负荷量为其存在的必要基础。一个方面的变化必然会导致另一个方面的相应变化，因此，在分析运动负荷的大小时，一定要综合考虑这两个方面。

（4）训练过程的监测与控制。训练过程中负荷安排不当是造成运动损伤、过度疲劳的主要原因之一，因此在训练过程中要注意及时把握不同时期运动员的竞技能力状况，运用综合方法和手段建立科学的诊断系统，选取可靠的指标，分析训练过程和训练效果，及时准确地判断负荷的适宜度和恢复程度以及训练实际效果与预期目标的偏离情况，并进行及时调控，使训练始终围绕预定计划进行，从而保证最佳的训练效果。

七、恢复原则

恢复原则是指及时消除运动员在训练中所产生的疲劳，并通过生物适应过程产生超量恢复，以提高机体能力的训练原则。在长期的运动训练过程中，只有当运动员得到适宜的恢复，才能保证运动员获得理想的训练效果。早期的运动训练中，人们主要致力于运动训练方面，而忽视运动员训练中产生疲劳的恢复状况，认为它是自然发生的事。到20世纪70～80年代，人们逐渐意识到没有恢复就没有训练，恢复在运动训练中占据重要的地位。20世纪90年代，随着运动训练本质被逐步揭示，人们意识到运动员的体能恢复有时要重于运动训练本身，因此，教练员在制订训练计划时，会将恢复运动员的疲劳提高到重要地位。

1. 理论依据

（1）恢复与结构机能的重建。训练过程实际上是一个反复进行的身体结构与机能的破坏与重建过程。通过运动负荷使运动员消耗大量能源物质，引起微细结构的某种程度损伤以及造成内环境紊乱等，然后在恢复期，利用机体所具有的适应性特点，进行结构与机能的重建，使运动员的运动能力得到一定改善。而结构与机能的重建需要一定的时间过程。若在恢复不完全的情况下进行下一次的训练，此时的机体尚未完成重建过程，不但不能提高运动能力，反而会加重微细结构的损伤程度，使运动能力进一步下降，需要的恢复时间会变得更长。因此，从某种意义上讲，恢复即给予机体足够时间在训练后进行结构与机能的重建，以承担之后更大的训练负荷。

（2）超量恢复规律。人体机能能力和能量储备由运动负荷后暂时下降和减少的状态回复到负荷前水平的过程，称为恢复。在恢复过程中，能源物质的补偿在一段时间内超过原有水平，这种现象叫做超量恢复。超量恢复持续一段时间后再降回到原有水平,即完成了一次训练负荷后恢复的全过程。在一定范围内,运动负荷越大,运动消耗越剧烈,恢复过程就越长,超量恢复也就越明显。正是由于运动训练能引起超量恢复反应,使得运动员竞技能力的提高成为可能。所以,运动训练的恢复并非满足于恢复到先前水平,而是要追求超量恢复。

(3)疲劳消除规律。机体产生和消除疲劳是有规律的。其中,运动负荷训练和恢复训练的统一规律是指在训练的具体过程中,客观存在着负荷和恢复这两种不同的相互依存、相互影响的同步过程;负荷刺激疲劳产生的效应规律是指在大强度或长时间的负荷刺激下,机体必然产生相应程度的疲劳症状;机体下降与机能恢复的异时性规律是指在负荷训练和恢复过程中机体机能的下降程度或提高过程均有异时变化的特点;负荷性质恢复方法的对应规律是指负荷性质与恢复方法之间存在紧密的对应关系。显然,认识这些规律对于延缓疲劳产生、强化机能恢复、消除机体疲劳的意义十分重大。

2.训练学要点

(1)合理地制订训练计划。一般训练计划建立在两种假设的基础上:一是所有运动员都能从训练中恢复过来;二是不同运动员恢复的速率和水平是一致的。但是我们不能忽视的一点是运动员除训练外还有其他生活内容,这些活动很难控制,运动员可能在投入训练时已经处于某种程度的疲劳状态,这将可能导致在没有获得完全恢复的状态下,就进行训练,会影响下一次训练的效果。其次,不同运动员的恢复状况和恢复时间是不一致的,不同运动员的身体素质状况是不同的。因此,教练员在制订训练计划时,不仅要包含运动训练的内容,还要包含运动后的恢复和适应过程。

(2)正确认识负荷与恢复的关系。运动训练过程中,要正确对待负荷训练和恢复训练并存的客观规律,这种客观规律不仅表现在负荷训练与恢复训练过程相继进行的特征上,而且表现在过程同步进行的特征上。因此,在训练实践中,教练员要认真规划运动负荷阶段中的负荷量、强度、时间等因素，同时还要将恢复训练的措施、方法、效果等因素放在同等重要的地位。在提高人体机能为主要目标的运动负荷训练过程中，及时穿插恢复训练。

（3）正确分析运动性疲劳的产生机理。从19世纪80年代以来，人们对运动性疲劳产生的机理提出多种假说，最具代表性的有"衰竭学说"、"堵塞学说"、"内环境稳定性失调学说"、"保护性抑制学说"、"突变理论"和"自由基学说"等。教练员只有根据训练的具体情况，分析运动疲劳产生的原因，才能有针对性地制订运动员的恢复计划。

由于引起运动性疲劳产生的原因和部位不同，运动性疲劳表现的形式不相同，选用的测试方法也应有区别，通常是根据自我感觉和外部观察来进行的，也常采用一些比较客观的生理和心理测试方法。所以，科学地判断运动性疲劳的出现及其程度，对于合理安排体育教学工作和训练计划具有重大的意义。

（4）消除运动性疲劳的措施。消除运动性疲劳的措施可以从恢复方式和恢复手段两个方面进行。恢复方式在运动实践中一般有自然性恢复方式和积极性恢复方式两种。自然性恢复方式是指运动员训练后按日常作息或处于静止状态获得恢复的方式。积极性恢复方式是指运动结束后采用变换运动部位和运动类型以及调整运动强度来消除运动性疲劳的方式。

恢复手段一般包括训练学恢复手段、睡眠，以及医学、生物学、营养学、心理学的恢复手段。① 训练学恢复手段主要包括变换训练内容和训练环境，交替安排负荷，调整训练间歇的时间与方式，在训练课中穿插和采用一些轻松愉快、富有节奏性的训练手段。② 睡眠是消除疲劳的重要手段。睡眠是机体借以维持正常生命活动的自然休息方式，在睡眠状态下，人体内代谢以同化作用为主，异化作用减弱，可以使运动员精神和体力得到恢复。自然界的很多事物存在周期性的规律，运动员的生活作息也应有周期性的规律，应培养运动员有规律的生活作息，以利于缓解疲老。③ 医学、生物学恢复手段包括了水浴、汽浴、旋涡浴、氨水浴、含氧浴等理疗恢复手段，此外，还有按摩、紫外线照等。中医药调理也有利于增强免疫力，改善代谢调节，提高机体恢复，加速运动性疲劳的消除。④ 营养学恢复手段。由于运动时运动员的能量消耗大，运动后的能量补充还应注意各种营养素的适宜搭配。⑤ 心理学恢复手段可以加速运动性疲劳的消除，降低神经、精神紧张程度，调节运动员的情绪，减轻心理的压抑，对加速身体其他器官和系统的恢复过程能够产生积极的作用。

第二节 田径体能训练计划的制订

一、制订训练计划的依据

田径体能训练计划的制订者必须树立科学的态度。制订的训练计划必须符合体能训练和人体生长发育的客观规律，必须依据科学原理，将实现训练目标的需要与提供训练主、客观条件的可能有机地结合起来。因此，田径体能训练计划的制订依据应该包括：① 体能训练目标。任何一种训练计划都是围绕如何完成既定训练目标而制订的。为使运动员由起始状态向目标状态转移，就必须选择与设计最佳的通路，这一通路就是训练计划。所以，训练计划的制订必须考虑到实现目标的需要，而训练目标是在制订训练计划之前必须完成的一项重要工作。② 体能的起始状态。体能的起始状态是确定训练目标的基础，是整个体能训练过程的出发点。为实现目标转移而制订的训练计划，只有符合运动员体能的现实状态方能被运动员所接受，从而使运动员的体能产生明显变化。③ 组织实施训练活动的客观条件。训练场地、器材的质量与数量、营养条件、恢复条件等都是组织实施训练活动重要的物质基础。④ 体能训练过程的客观规律。体能训练过程的客观规律主要包括训练生物适应的产生与变化规律、体能的发展规律、各种身体素质的特殊规律、训练计划的连续性与阶段性、训练过程的可控性与多变性规律等。遵循体能训练过程的客观规律是科学化训练的本质特征,是训练计划科学性的重要表现形式,只有这样才能保证训练的成功。

二、制订训练计划的要求

(1)注意体能训练计划的简明性和实用性。体能训练计划的文字要简练,图文并茂,使之一目了然。各项内容应做到明确、具体、定量化,以便训练的实施、检查和评定。

(2)体能训练计划制订的科学性。体能计划是控制训练过程的基础和标准,是系统训练的保证。

(3)体能训练计划的稳定与变更。制订体能训练计划时,要处理好计划的相对稳定与变更的关系,实现系统安排与科学调控相结合。

(4)制订体能训练计划要有明确的指导思想和特色。指导思想应随训练主体及训练的客观条件的改变而调整变化。

体能训练实践活动本身是教师与运动员进行的创造性劳动。因此,我们可以在训练实践中,借鉴前人创造的内容,但是教练员与运动员也应有创造意识,因为没有创新就不会有发展,也不能持续取得优异成绩。

三、不同训练计划的制订

体能训练计划的制订以体能的现状和确定的体能训练目标为主要依据,并且与体能发展的内在规律相结合,是保证运动员体能由现实状态向目标状态有效转移的理论上的行动方案。运动训练计划的制订与实施,是运动训练过程的中心环节,贯穿于教练员与运动员的全部训练实践活动之中。

通常体能训练计划中的内容主要包括运动员体能状态的初步诊断,体能训练的目标、阶段、任务、对策、方法、手段、负荷要求,规划体能训练负荷的动态变化趋势,平均体能训练效果的方式、时间和标准等。

体能训练计划按照时间跨度为主要依据,可以分为多年计划、年度计划、阶段计划、周计划、课计划等。介绍如下。

1. 多年计划

多年体能训练计划是参与者多年训练过程的总体规划。由于多年训练时间跨度很长，因此计划的制订具有宏观性、战略性，计划内容也只是框架型。多年计划的确定需要考虑的内容有：个人特点、年龄、身体发育、道德品质，考虑其运动成绩和竞技能力水平，确定训练者的特长及发展目标，还要清楚其训练水平方面的弱点和努力方向，并根据训练既定的目标，确定每年提高运动成绩的幅度、竞技能力及身体训练水平的指标。

根据主要目的，确定每年训练的主要任务和手段。其任务和手段必须以全面的身体训练为出发点，广泛采用促进机体的生长发育和身体全面发展的练习手段。在计划中要合理安排训练的年训练量、训练时数、身体训练与技术训练比例等，逐年加大训练的量和强度，逐年提高对运动员的身体机能水平的要求。

从实践中可以看出，运动员只有通过多年训练逐步具备良好的身体能力，掌握了田径运动项目的完善技术，才能在比赛中创造优异成绩。一般来说，多年训练计划的主要内容，分为准备部分和指导部分，每个阶段的具体任务主要包括：① 基础训练阶段的主要任务是全面发展身体素质，促进发育，学习和掌握专项和多项基本技术，发展动作速度，并加强躯干肌肉的一般力量训练。② 初级训练阶段的主要任务是进一步发展并提高专项素质，在继续从事多项训练的基础上，进行初期的专项训练，掌握合理的专项技术，提高专项训练水平。③ 专项训练阶段的主要任务是继续加强全面训练，使专项素质得到进一步提高，对专项技术进行巩固和完善，使专项技能和训练水平有所提高，通过比赛使运动员的适应能力及心理素质有所增强，并且加强对运动员专项理论知识的学习。④ 高级训练阶段的主要任务是强化各项身体素质、专项素质和专项能力，进一步完善完整技术，充分挖掘潜力，较多地参加国内外各级比赛以保持高水平的成绩。

其他专项的阶段划分和各阶段的任务可以根据项目的特点和要求进行段划规划制订。

具体的多年训练计划的实施在各阶段的一般身体训练、专项身体训练和技术训练的比例中得到了较为充分的体现，对这个比例起到决定性作用的是运动员的训练水平，这主要是随着训练水平的提高，一般身体素质与专项成绩的相关性会出现随之降低的情况，而专项身体训练和技术训练的比例则出现随之提高的情况。

多年训练计划的确定要求每个阶段都应该提出相应的训练指标，即各阶段的运动成绩指标和竞技能力指标，并作为评价训练状态的依据。各阶段训练指标是以整个训练过程最终的运动成绩指标和竞技能力指标为依据，并结合不同阶段的训练任务而制订的。

在多年训练中指标的设定要依据运动员竞技状态的发展变化规律系统地安排，使竞技状态高峰在高级训练阶段出现。因此，各阶段训练指标初期应采用幅度较小的渐进式提高，到专项训练阶段时，训练指标提高加快，出现成绩的突变式上升，在高级训练阶段达到最高水平。

2. 年度计划的制订

年度训练计划是组织运动训练过程的最主要的计划，起着承上启下的作用，其结构是由气候、环境和体能发展的阶段性所决定的。年度计划一般适用于学校教育中的体能训练。体能训练也可结合体能测试，一般以学期为单位，在学期末安排考试或测试，在寒暑假也可以根据阶段任务安排训练内容。

此外，年度训练计划确定的依据是运动员的基本情况及其训练水平以及训练场地、器材等客观条件等。

一般来说，年度训练计划主要分为三种类型。第一种是全年为一个大训练周期的单周期训练计划，包括准备期、竞赛期和过渡期。第二种是全年分为两个大训练周期的双周期训练计划，包括两个准备期、两个比赛期和一个过渡期。第三种是在全年中设有多次比赛的年训练计划，在两次比赛的间歇期，应进行一定强度水平的训练或安排积极性休息。

目前,根据我国田径运动比赛和教育的特点,可将每年度训练计划分为两个时期,即秋冬时期和春夏时期。介绍如下。

① 春夏时期(3~7月)的训练实施。春夏时期是测试的集中期,主要任务是在测试中达到最好水平。因此,这一阶段要以发展专项身体训练水平为主,完善专项技术,多进行完整的专项技术练习,同时要培养运动员的思维能力,提高其比赛的能力和自信心,形成最佳的竞技状态,在测试中创造好成绩。此阶段的负荷总量要稳定,负荷强度增加至最高点且保持稳定。为了保持最佳竞技状态,训练的量和强度还可以根据测试的需要进行适当的调整。

② 秋冬时期(9月至次年的1月)的训练实施。秋冬时期的主要任务是提高一般身体训练水平,进一步发展力量和其他身体素质,改进技术。此外,在安排训练时,还应根据南北方的不同特点,科学筹划,合理安排。例如,北方的气温太低已经不适合进行大强度的测试时就应进行一些有氧运动,发展综合运动素质,促进运动员体能的积累和提高。在技术训练上,应注重基本技术的训练同时改进明显的技术缺陷。南方的教练员可以根据南方的地理及气候条件在此期间进行一次测试,使教练员和运动员在进入到后期的体能训练前对运动员的状态有全面的了解,以更好地制订训练计划。此时期的运动负荷应以大运动量练习为主,各种练习要数量多、范围大,但强度较低。如果学校在此期间安排测试,在测试前应适当加大运动负荷强度,测试结束后再进行身体训练。

3. 阶段计划的制订

阶段计划也被称之为中周期,通常由数周至数月组成。它由若干个小周期组成,同时又是构成大周期的基本单位。因此,年度训练计划实际上已对阶段训练的任务、时间跨度,运动负荷水平等有了基本安排。在具体制订阶段训练计划时,很重要的一点是根据项目的特点和该阶段的主要训练任务,确定小周期之间的序列和节奏。

在体能训练中,阶段训练计划的实施可以分为引导阶段、一般准备阶段、专门准备阶段、赛前准备阶段和比赛阶段。① 引导阶段指主要用于过渡期之后的年度训练之初,特点是训练量和运动强度逐渐上升,持续时间通常为2～3周。② 一般准备阶段的目的是努力提高机体机能的总体水平,全面发展身体素质和运动技能,持续时间为4～8周。③ 专门准备阶段的目的是提高专项训练水平和改进专项技术,提高训练强度,持续时间为4～8周。④ 赛前准备阶段是准备阶段与比赛阶段之间的过渡,其目的是提高竞技状态,持续时间为3～6周。⑤ 比赛阶段是在主要比赛期间的一种训练形式。它包括为比赛打基础的小周期、直接参加比赛的小周期和恢复训练的小周期等。其目的是巩固最佳竞技状态和力争创造优异成绩。比赛阶段小周期的数量和持续时间取决于竞赛日程和比赛规模。比赛阶段又包括早期比赛阶段、主要比赛阶段和获得最佳竞技状态阶段。

4.周计划的制订

周计划由数次训练课组成,它是训练过程中相对完整又重复的单位。这种训练计划比较适用于学校、田径运动教学训练。确定周计划的依据是课余训练时期和假期训练时期以及短期训练的训练任务、运动量、运动强度等要求。周训练计划在各类训练计划中起着"承上启下"的作用,是落实短期训练计划、全年训练计划和多年训练计划以及规定各次训练课的任务、内容、方法的重要环节。通常情况下,人们往往会将周训练作为组织训练活动极为重要的基本单位。为了达到周训练周期更为灵活的目的,一般会将时间保持在4～10天,或表示为7±3天。一般情况下,可以将周训练分为四种基本类型,即基本训练周训练、赛前诱导周训练、比赛周训练和恢复周训练。另外,为适应不同任务而制订的各种相应的周训练计划,也往往会有较为显著的不同的运动负荷变化特点。

5.课计划的制订

课时训练计划制订的依据是周训练计划规定的各个课次的训练任务以及当日运动员机能情况、场地器材、气候等实际情况。课计划的内容包括对运动员提出的完成练习内容、数量、质量的具体要求。

训练课一般根据课的基本任务可以分为综合训练课和单一训练课两种类型。

① 综合训练课。综合训练课是综合地发展多种竞技能力的课程。但是，一堂综合课的训练任务，以选定2～3项训练内容较为适宜，过多则容易分散精力，不易取得满意的效果。在制订综合性训练课计划时，一定要对训练任务和内容的顺序进行合理的安排。具体来说，凡是需要运动员精力充沛时才能完成的训练任务，通常情况下，会安排在课的前半部分；而在一定疲劳或深度疲劳下，仍然可以完成的训练任务，会安排在训练课的后半部分。比如协调能力与素质、技术与素质、技术与战术等。在综合素质训练课中，首先应安排柔韧性练习，其次为速度或力量练习，最后进行耐力练习。正确地设计综合训练课的结构，既有利于各项训练任务的顺利完成，又可以促进不同能力之间的良性转移。

② 单一训练课。即一次训练课集中发展运动员的某一种能力或集中时间和精力完成某一项训练。单一训练课在准备期的训练中安排得较少。但在各个项目的训练中，有时都会组织一些发展本项主导因素的单一的训练课。如中长跑运动员的耐力课、跳高运动员的跳跃力量课等。在比赛期的训练中，由于训练的目标更加集中，训练的课时缩短，课的运动负荷量相对较少，所以单一训练课的比例比准备期略多一些。不论是综合课还是单一课，一堂课是由准备部分、基本部分和结束部分组成的。准备部分是让机体逐步进入工作状态，并从心理和生理两个方面做好承受计划负荷的准备。基本部分是课的主要部分，按照训练任务及训练内容的安排顺序进行，其间，运动负荷必须有一次或几次达到高峰。结束部分要逐渐降低运动负荷量，使机体进入接近安静时的状态。单一训练课的基本部分是完整的，而综合训练课的基本部分根据训练内容的不同又分为几个小段，每当训练由一个内容转向另一个内容时，需要在两段之间安排适当的专项准备活动，为新内容的训练活动做好必要的准备。

6.制订训练计划的注意事项

（1）制订体能训练计划前需要对受训者做体能检测和状态诊断，以确定明确的发展目标和运动负荷。

（2）制订体能训练计划时，应注意某一项素质的发展与身体全面发展相结合，以达到最后体能的整体性提高。

（3）制订体能训练计划，应遵从循序渐进、巩固提高的原则，使受训者的体能稳步提高。

（4）制订体能训练计划要注意使受训者体能训练与社会适应能力和野外生存能力提高相结合，同时注意安全措施保证。

（5）制订体能训练计划要考虑可利用的条件和环境，尽量创造有利于受训者身心健康的方法和环境。

（6）制订体能训练计划不是一蹴而就、一成不变的，应该根据受训者体能变化的监测和条件的变化不断调整，以保证使受训者的体能得到最充分地发展。

（7）力量训练的安排以间隔42～72小时为宜，速度训练的安排以间隔72小时为宜，耐力训练的安排以间隔24～42小时为宜，柔韧性的训练不要急于求成，要坚持进行。

第三节 体格检查和自我医务监督

运动医务监督是运动医学的重要组成部分，它采用生物及医学的理论和和技术手段，对体育锻炼者在运动中出现的某些生理或病理现象进行分析、处理、预防和指导。换言之，运动医务监督能够对体育锻炼者的健康和机能进行及时的监护，预防训练过程中出现的有害因素对身体造成的不必要伤害，同时督导和协助锻炼者进行科学的训练，使之符合人体生理和机能的发展规律，以实现体育锻炼的目标。由此可知，科学、合理、系统的运动医务监督不仅对于运动员实现体育锻炼目标起着非常重要的作用，而且还能预防运动疲劳及运动性疾病的发生。本节主要从体格检查和自我医务监督两个方面进行叙述。

一、体格检查

体格检查是运用眼、耳、鼻等感觉器官或者借助简便器械对人体进行的身体检查，它是了解运动员身体机能状况和身体健康水平的重要内容，也为不同运动项目对运动员的特殊要求做好了监测工作。通过体格检查，可以发现田径运动员的机能缺陷和潜在的伤病因素，从而使教练员能够准确判断该运动员是否符合专项训练要求，并为该运动员提供相应的伤病防治措施。

根据体格检查的不同目的和要求，可以分为初查、复查和补充检查三种形式。初查的检查对象是初次参加训练的运动员或学生，其目的是了解他们的身体发育、健康状况和各器官系统的功能，从而判断其能否按照体育教学大纲参加运动，并为教练员制订训练计划和选择训练方法提供依据；复查的对象是参加了一段时间体育运动的学生或运动员，其目的是了解学生或运动员的身体发育、健康和各器官系统功能的变化，从而判断教学、训练效果，为调整健康分组或制订新的训练计划提供依据；补充检查的对象是健康分组时转组的学生或是参加重大比赛前的运动员或是因为伤病长期停训后又重新参加训练的运动员，检查重点是心血管系统和原有伤病的组织器官。

运动员的体格检查不同于一般的常规检查，具有不同的要求：① 体格检查制度化、标准化。由于不同的运动项目对运动员的体能和素质有不同的要求，因此，需要制订针对不同运动项目的体格检查内容、标准等。② 建立运动员健康档案。教练员通过分析运动员体格检查的资料，可以准确地判断运动员的整体健康状况。建立健康档案就是为了了解运动员不同阶段体质状况和健康水平的变化规律，及时发现运动性伤病，以提供相应的、合理的医疗措施，还能为教练员合理安排运动内容提供科学依据。因此，健康档案是伴随运动员整个运动生涯的重要文件。③ 加强伤病防治意识。减少运动性伤病的发生,及时治疗运动性伤病,就需要培养各级训练单位特别是基层训练单位的教练员和运动员的伤病防治意识。

二、自我医务监督

自我医务监督指体育锻炼者在体育锻炼过程中,对自身健康状态和生理功能变化进行观察,并定期记录于锻炼日记中,供本人、指导者和医师参考。其目的在于掌握运动量并科学地调整锻炼计划,防止过度疲劳和运动性损伤发生,从而有利于体育锻炼者健康水平的提高。因此,一定要重视并加强自我医务监督的教育。

1. 自我医务监督的内容

自我医务监督可以分为主观感觉和客观检查两部分。

主观感觉包括:① 运动心情。它是反映学生锻炼欲望的指标。锻炼欲望的强弱取决于锻炼者的身体机能状况。身体健康、精神状态良好的人,总是乐于参加体育运动;若精神萎靡、软弱无力、对锻炼不感兴趣甚至厌倦锻炼,则可能是由于身体患病、锻炼过度或者是锻炼方法不当造成的。② 不良感觉。在剧烈运动或比赛后,由于机体疲劳,大部分人会产生不良感觉。如:肌肉酸痛、关节疼痛、四肢无力等。除了出现上述症状外,如果还有头痛、头晕、恶心、气喘、心悸等现象,说明运动量安排不当或身体健康状况不良,这就需要去医务部门检查,并采取相应的措施防止运动性损伤的发生。③ 睡眠。良好的睡眠能保证旺盛的精力和体力,经常参加体育锻炼的人,通常具有良好的睡眠。良好的睡眠状态指入睡快,醒后精力充沛;如果入睡迟、夜间易醒、失眠、睡醒后仍感疲劳,表明锻炼的负荷已超过了机体的负担能力或机体已疲劳,需要及时调整。④ 食欲。健康的青少年学生食欲应当良好,在参加体育运动过程中,能量消耗较多,他们的食欲应该更好些。如果运动后不想进食、食量减少,并在一定时期内不能恢复食欲,可能是运动量安排不当或是健康状况不良。检查若没有其他发现时,则表明中枢神经系统已疲劳。此阶段机体的胃肠消化和吸收功能下降,身体机能和健康状况也较低下。自我医务监督表中要填写食欲食量等情况。⑤排汗。排汗是人体散热的一种方式。运动时的排汗量与运动量大小、锻炼程度、饮水量、空气的温度和湿度、衣着厚薄以及神经系统状况有密切关系。如果在适宜的外界条件和适宜的运动负荷下，大量出汗或安静时出汗甚至夜间盗汗，表明身体机能状况不良，健康状况下降或近期运动负荷过大。若出现相应症状，可在自我医务监督表中填写排汗量一般较多或明显增多、夜间出冷汗等。

客观检查包括：① 脉搏。在自我医务监督中，常用晨脉来评定锻炼水平和身体机能状况，晨脉是早晨醒来起床之前测得的每分钟脉搏数，它反映了基础代谢下的脉搏。健康人的晨脉是基本稳定的。若每分钟比过去多12次以上，表明机能反应不良，可能与疲劳未能消除或感染存在有关。如果晨脉数比过去增加明显且长期无法恢复到原有水平，可能是早期过度锻炼的反映，应做进一步检查。如果发现脉搏节律不齐或有停跳现象，可能是心脏机能异常的征象，应进一步做心电图等检查。② 体重。正常成年人体重较为稳定。健康人在大负荷运动后，由于体液的丧失，会有一时性体重下降，但一两天后就能恢复正常。自我医务监督时，锻炼者每周测量体重1次，每次测量应在同一时间内进行（宜在早晨空腹，排空大小便后穿相同的衣裤）；如出现体重"进行性下降"并伴有其他征象时，可能是过度锻炼或伴有其他疾病，应及时到医院检查。③ 运动成绩。运动成绩的高低主要取决于运动技术水平和身体机能这两大因素。在锻炼过程中，在技能水平提高的情况下，运动成绩若下降则是身体机能状况不良的表现。一般坚持进行合理锻炼，运动成绩会逐步提高或保持在较高水平上。如果照常锻炼而运动成绩没有提高甚至是下降，动作也失去了协调性，熟练的动作不能完成，则有可能是身体健康不佳或过度锻炼造成的，应通过自我医务监督找出原因并及时解决问题。④ 肌力检查。决定肌力大小的两个最基本的因素有肌肉生理横断面的大小和神经冲动的强度。机体状态良好时，肌力应不断增加或稳定在一定水平上，如果运动员的肌力明显下降，则说明运动员疲劳。肌力的测定可根据具体情况选择不同的方式，比如背力、计算机测力等。

总而言之，自我医务监督的监测指标不宜过多，应贯彻简便易行、客观有效的原则。在进行自我医务监督时可制成简单的表格进行记录。如果主观感觉中各栏目数值均正常，客观检查也都在正常值之内，运动成绩稳定或呈上升趋势，表明前一阶段体育锻炼的内容、方法和运动负荷是合理的。如果发现异常现象应及时检查和分析原因，并在教练员的指导下，及时调整锻炼的内容和运动负荷，必要时应暂停锻炼或做进一步检查。总之，要根据具体情况进行综合分析，找出主要问题，以做出科学判断。

2.自我医务监督的方法

首先要分析自己的身体状况，并进行体能测试，根据自己的健康状况，选择锻炼内容，确定锻炼时间和负荷，制订锻炼计划并将执行结果进行阶段性自我评价，及时调整锻炼计划和运动负荷。适宜的运动负荷指体育锻炼要有恰当的生理和心理负荷，锻炼效果的大小在很大程度上取决于运动刺激的强度，太弱的刺激不能引起机体功能的变化，过强的刺激则会损害健康。运动负荷是否适宜需要因人因时而异，即使同一个人，在不同的机能状态下，人体对运动负荷量的承受也不尽相同。当身体不佳、情绪不好时，人体的各种机能就会下降，此时运动的负荷量就要做出相应的调整；当学习工作紧张、脑力劳动频繁、体力消耗较大时，也应该调整运动的负荷量。总之，运动负荷量的安排，要从主、客观的实际情况出发。

下面介绍几种常用的自我医务监督的方法：① 脉搏。测量脉搏可以测10秒钟的脉搏数，连续测量三次，取其稳定值，然后再乘6，就是每分钟的脉搏频率。如果在安静时的脉搏频率逐渐下降或不变，说明身体状况良好；若每分钟脉搏频率增加18次以上，就说明机体反应不良，但是训练者没有其他的病因，那可能就是运动量过度造成的。② 隆勃试验。它是测验中枢神经系统时了解身体控制能力的一种方法。测试时，令学生双脚并拢站立，两臂向前平伸、闭眼，以观察训练者身体的稳定程度和持续时间。必要时可单腿站立完成上述动作。如能稳定站立15秒钟以上，眼睑和手指不发生颤抖，则视为协调性良好；如果动作不稳定，不能站立15秒钟，眼睑和手指发生颤抖者，则评定为协调能力差，表明神经系统运动协调异常，应进一步作医学检查。

第四节　常见运动损伤及其处理

运动损伤是指在体育运动过程中所发生的各种损伤。它的发生与运动训练安排、运动项目与技术动作、运动环境与条件等因素有关。通过总结运动损伤发生的原因、治疗效果和康复时间等，可为改善运动条件、方法训练等提供科学依据和指导。

一、运动损伤的原因

1.运动损伤预防意识薄弱

在进行体能训练时发生运动损伤，与运动员的运动损伤预防意识薄弱有关。在田径体能训练中，运动损伤发生的原因往往是没有积极地采取各种预防措施。特别是对于青少年来说，由于他们缺乏一定的经验，思想上往往麻痹大意，在进行体育锻炼时往往是盲目或冒失的，还有些时候会情绪急躁、急于求成，往往不遵循循序渐进、量力而行的原则。除此之外，他们在练习中产生的恐惧、害羞等因素，也会使他们出现犹豫不决、过分紧张等不良情绪，从而造成运动损伤。

2.体能训练安排不合理

在进行体能训练时，体能训练安排不合理是导致运动损伤的重要原因之一。通常，不合理的训练安排主要体现在准备活动不足、运动负荷过大、运动项目选择不当、运动组织方法不当等几个方面。因此在进行体能训练前，首先要了解自己的身体状况，并根据科学的运动水平检测来选择适宜的运动量。

3. 外界环境因素干扰

外界环境因素大致可以分为两个方面，一个是场地器械方面的因素，主要包括：① 运动场地不平，有碎石或杂物，运动员容易摔倒；② 跑道太硬或场地太滑，沙坑太硬或有石块；③ 器械维护不良或年久失修造成运动时断裂；此外，若器械的高低、大小或重量与锻炼者的体格和体能要求不相符合，再加之没有在练习时采取适当的保护措施等都会导致运动损伤发生。

另一个是环境因素，主要包括：① 气温过高是导致疲劳和中暑发生的主要原因；② 气温过低，往往会发生冻伤或由于身体协调性降低而引起肌肉和韧带损伤；③ 潮湿高热容易使运动员出汗量增多，从而导致肌肉痉挛或虚脱的出现；④ 光线不佳会影响运动员的视力，使其兴奋性受到影响，造成反应迟钝。除此之外，有害气体的污染也是导致运动损伤发生的重要因素。

4. 慢性劳损或患病史所致

慢性劳损是运动员身体局部过度活动、长期负重或者某部位受到持续、反复的外力作用而造成的慢性积累性损伤，它在老队员的伤病因素中最为明显。慢性劳损致病多发生于人体活动枢纽部位（如腰部）和反复受到牵拉、应力作用的髌骨，具有较难祛除、不易治愈和不能停训的特点。慢性劳损还与不科学的运动训练、新伤治疗不彻底以及重复受伤有关。针对过去有过患病史的运动员，要先咨询医生，根据自己的身体情况来确定是否适合参加田径运动项目，运动是否对自己的身体具有再次伤害和诱发的可能性，无诱发或再伤害可能的情况下是否会影响运动发挥等。

5. 运动员缺乏医务监督

有些运动员由于对自身条件的认识不充分而选择了不适宜自身的运动项目，结果造成运动损伤的发生率偏高。例如，在年龄偏大的运动员中，采用蛙跳来增强腿部肌肉力量，运动负荷安排过大，就容易出现膝关节损伤；进行柔韧性练习时，韧带肌肉被动过度拉伸会造成肌肉撕脱。所以训练要科学，选择适合于自身条件的运动，运动者必须在训练前进行体检及运动功能评定，以便为教练员提供科学的信息从而合理安排训练。因此缺乏医务监督也是导致运动损伤的重要原因之一。

二、常见运动损伤及其处理

1. 常见急性损伤的处理方法

（1）挫伤。挫伤是指在钝重器械打击或外力直接作用下使皮下组织、肌肉、韧带或其他组织受伤，而伤处皮肤往往完整无损或只有轻微破损。发生挫伤后，以疼痛、肿胀、皮下出血和功能障碍等症状为主。

处理方法：受伤后应马上进行局部冷敷、外敷新伤药等，适当加压包扎，并抬高患肢，以减少出血和肿胀。肱四头肌和小腿后群肌肉的严重挫伤多伴有部分肌纤维的损伤或者断裂，组织内出血形成血肿，应将肢体包扎固定后，迅速送医院诊治。头部、躯干部的严重挫伤可能伴有休克症状，应认真观察呼吸、脉搏等情况。休克时，应首先进行抗休克处理，使伤员平卧休息、保温、止血，疼痛严重者可口服可卡因或者肌肉注射哌替啶，并立即送医院诊治。

（2）肌肉拉伤。肌肉拉伤指肌肉主动强烈地收缩或被动过度地拉长所造成的肌肉细微损伤，肌肉部分撕裂或完全断裂。肌肉拉伤后表现出的征象为：局部疼痛、压痛、肿胀、肌肉发硬、痉挛、功能障碍。如果肌肉断裂，伤员受伤时多有撕裂感，随之失去控制相应关节的能力，并可在断裂处摸到凹陷，在凹陷附近摸到异常隆起的肌肉断端。

处理方法：肌肉拉伤时应立即采用氯乙烷镇痛喷雾剂等进行局部冷敷，加压包扎，并把患肢放在使受伤肌肉松弛的位置，以减轻疼痛。肌纤维轻度拉伤及肌肉痉挛者，用针刺疗法会取得良好的效果。肌肉、肌腱部分或完全断裂者应在局部加压包扎，固定患肢后，马上送医院诊治，必要时接受手术治疗。通常拉伤要在48小时才能按摩。

（3）关节、韧带损伤

① 指间关节扭伤。出现急性损伤时，表现出的征象一般有：疼痛剧烈，关节周围红肿，运动功能发生障碍，局部压痛等。如果出现一侧韧带断裂的情况，就会导致轻度侧弯畸形和异常的侧向运动出现；如果发生了关节脱位，就会出现伤指向背侧曲折成畸形的情况。通过X线进行检查，可以看见指骨基底部的撕脱性骨片。

处理方法：如果是急性扭伤，要立即进行冷敷，然后局部外敷药并固定，如果出现指间关节韧带断裂的情况，就应将伤指屈曲位固定3周。另外，可以用粘膏将伤指与患侧邻近的健指做环形固定，但是，如果拇指、小指尺侧和食指桡侧韧带均出现断裂，就必须用夹板固定。如果伤情较为严重，比如指间关节韧带断裂后侧向运动比较明显或撕脱骨片嵌入关节时，就应及时通过手术进行治疗。

② 肘关节内侧软组织损伤。出现急性损伤时，表现出的征象主要有疼痛，肘关节伸展运动受限，局部微肿、压痛等。如果出现组织断裂，就会表现出皮下瘀斑、关节肿胀明显、轮廓不清等征象。如果是慢性病，疼痛往往会在准备活动后消失，重复受伤动作时疼痛，在完成动作时，往往会出现"软肘"现象。

处理方法：如果是急性损伤，应该在损伤局部立即用氯乙烷或冰袋进行冷敷，然后加压包扎，并屈肘90度角，使用三角巾悬吊固定。伤后24小时，可外敷新伤药、理疗或泼尼松与普鲁卡因混合液进行痛点注射等。需要强调的是，肘部急性损伤后可运用按摩治疗，但一定要慎重处理，防止加重病情。同时需要注意，由于肘关节附近的损伤常可并发外伤性骨化性肌炎，因此，局部的被动暴力的活动不宜采用。

③ 肩关节损伤。发生急性扁袖损伤时，在肩的外侧往往会产生一定的疼痛感，部分患者的疼痛会向三角肌止点或颈部放射，部分患者会在夜间有加剧疼痛的现象。另外，该损伤会在一定程度上限制肩关节的活动，主动或被动地使上臂外展至60～120度或内外旋转时会出现疼痛。当手臂从180度角上举位放下时，同样在60～120度间，也会有疼痛产生，这是肩袖损伤，尤其是冈上肌损

伤的重要征象。

处理方法：急性期上臂置于外展30度位置，适当休息，理疗、针灸、按摩、外敷中药或痛点封闭均有一定效果。按摩可以用推、揉、搓、滚等手法，配合选用曲池、阿是穴等，最后活动、运拉肩关节和上肢。如果怀疑有肌腱断裂者，需进一步的检查和处理。

④膝关节胫侧副韧带损伤。在发生膝关节胫侧副韧带损伤后，后膝内侧部会突然出现剧烈疼痛，关节强迫于屈曲位，腘绳肌产生保护性痉挛，拒绝任何活动，只能勉强用足尖行走。轻中度韧带损伤，如不损伤关节内结构，经过简单固定即可继续参加比赛；严重的内侧副韧带损伤，特别是合并有半月板损伤、交叉韧带损伤或关节骨折时，膝关节可出现关节肿胀、积血，功能障碍更加明显。

处理方法：损伤早期应固定、止痛，防止损伤加重。局部立即给予氯乙烷麻醉、降温或冷敷，松软敷料及弹性绷带加压包扎止血固定，抬高患肢，减轻肿胀。3天后局部热敷或应用中药外敷，并进行股四头肌训练；3周内可在局部支持带或支具辅助下扶拐杖行走；6周后去除支具或拐杖可做适量膝关节屈伸活动，以及渐进性抗阻锻炼；3个月后恢复日常活动，如患膝疼痛、肿胀明显，外翻应力试验阳性，X线片有骨折，原则上需手术修复。手术修复断裂的韧带止点或缝合撕裂的内侧副韧带，术后康复训练。合并内侧半月板及前交叉韧带损伤者，也需手术修复。

⑤踝关节扭伤。在发生踝关节扭伤后，伤处疼痛、肿胀，韧带损伤处有明显压痛和皮下瘀血。处理方法：立即用冷水冲洗或冷敷，用绷带固定包扎，并抬高患肢。24小时内不得按摩、热敷。24小时后根据伤情进行外敷药、理疗、按摩等治疗。

⑥跟腱断裂。跟腱断裂足部表面无异常现象，但有剧烈撕裂疼痛，丧失足部活动能力，是一种非常严重的运动损伤。处理方法：应快速用冷水、冰块冷敷，固定踝关节，抬高患肢，送医院处理。

（4）腰扭伤。腰扭伤在举重、跳水、投掷、体操中最容易发生。在一些体育活动中，腰部的肌肉还没活动开就过度拉伸，或是负荷重量过大，强行用力，脊柱过度前屈，都会造成腰扭伤。处理方法：发生腰扭伤后，要停止活动，立即休息。躺在床上休息时，为了使腰部的肌肉放松，腰下可垫个薄点的软枕头，以减轻疼痛。腰扭伤后，用热敷疗法较好，并注意适当加强背肌练习，也可去医院接受治疗。

（5）髌骨劳损。导致髌骨劳损发生的主要原因有跑跳过多、膝关节长期负荷过度或反复微细损伤的积累等，局部遭受一次撞击和牵扯也会导致髌骨劳损的发生。在发生髌骨劳损早期或者症状较轻者在进行大运动量训练后，患者会有膝痛和膝软的感觉，但经过一段时间休息后，症状会有所缓解。随着病变的进展，疼痛会有所加重，准备活动后症状又会有所减轻，训练结束后会出现加重的情况，严重者走路和静坐时也会感觉到痛，髌骨尖、髌骨周缘有压迫痛，膝关节伸膝至110～150度有较为明显的疼痛感。

处理方法：较好地运用登台阶法、直抬腿法、髌骨抽动法、高位静力半蹲法等，往往能够收到较为理想的治疗效果。另外，中药外敷、理疗、直流电导入、针灸、按摩等措施也可以适当采用，能够起到一定的辅助治疗效果。长期保守治疗无效、症状加重的髌骨软骨患病者，应及时进行手术治疗。

（6）运动性昏厥。在田径运动中，尤其是在一些耐力和速度项目中，激烈运动会引起呼吸、心跳骤然停止，造成血液循环停止。如果对患者不及时抢救，很容易造成永久性损伤或死亡，因此，要想较好地抢救运动性昏厥患者，就一定要争分夺秒地进行心肺复苏术，通过人工呼吸和胸外心脏按压，来使血液循环恢复，从而尽可能地避免伤亡。

2.常见慢性损伤的处理方法

（1）滑囊炎。多发生于手腕、掌指关节、脚踝后部、肩前部等部位，是体育运动中常见的一种劳损性伤病。滑囊炎患者的关节附近会出现一个疼痛包块，大小不定，运动受限各异，表浅者可扪及边缘并测出波动，穿刺可得浅黄色、透明、比较黏稠的液体。

处理方法：抽吸出滑液，注射醋酸泼尼松类药物于滑囊内，并加压包扎即可，疗效较好，但易复发。非手术治疗无效且影响训练或日常生活者，考虑手术切除病变滑囊。

（2）腱鞘炎。最开始发生腱鞘炎的部位在早晨起床时会发僵、疼痛，在活动一段时间后会症状会消失。但如果没有重视，发生腱鞘炎的部位会出现持续的发僵和疼痛，患处局部压痛。

处理方法：腱鞘炎发病早期应注意患肢休息、局部制动、理疗，直到症状完全消失。上述治疗无效可以用甾体抗炎药（如曲安奈德）局部封闭，以减轻局部炎性反应。局部封闭注射每周1次，3～4次为1个疗程，同时配合理疗。症状完全消失后可逐渐开始恢复训练，但要注意正确的训练方法，避免致病因素，才能防止复发。病情严重者，终日疼痛或闭锁不能解除时，需手术切开狭窄的腱鞘。

（3）肌肉痉挛。运动中大量排汗，电解质大量丢失；准备活动不够，情绪过于紧张等都会引起肌肉痉挛。当机体的某个部位发生肌肉痉挛时会出现剧烈的疼痛，局部肌肉变硬，可持续数分钟，缓解后易复发。

处理方法：轻度的肌肉痉挛，只要向相反的方向牵引痉挛的肌肉，一般都可以缓解。牵引时不可使用暴力，用力宜均匀、缓慢，以免肌肉被拉伤。此外，还可配合局部按摩，重力按压、揉捏和点掐或针刺痉挛肌肉的相关穴位。如腓肠肌痉挛时，可点掐或针刺委中、涌泉等。严重的肌肉痉挛有时需采取麻醉才能缓解。处理过程中需要保暖。

（4）腰部肌肉筋膜炎。即腰肌劳损，其病理改变多种多样，其中，最主要的包括筋膜、神经、血管、肌肉、脂肪及肌腱的附着区等不同组织的变化。一般情况下，大多为急性扭伤腰部后，由于没有经过彻底的治疗就参加运动，逐渐劳损所致的。另外，导致腰部肌肉筋膜炎的原因还有锻炼时出汗受凉。该损伤发生后，往往会表现为局部酸疼发沉等自发性疼痛，腰椎3、4、5两侧骶棘肌鞘部是常见的疼痛部位，不少患者同时感觉有疼麻放射到臀部大腿外侧；大部分患者尚能坚持中小运动量的锻炼，练习前后疼痛是较为常见的表现；在脊柱活动中，尤其是前屈时常在某一角度内出现腰痛。

处理方法：可采用理疗、按摩、针灸、封闭、口服药物、用保护带及加强背肌练习等非手术治疗手段。对顽固病例可手术治疗。

第五节　田径体能训练的准备活动

准备活动是对即将进行的体能训练做好身体机能准备。在田径体能训练之前，做好充分的准备活动，可以减少训练损伤，保持训练热情。在日常的田径体能训练中，因准备活动不足而发生的训练损伤时常发生。有一部分是由于保护措施不当造成的，但绝大部分是由于准备活动不足产生的。

一、准备活动的作用

准备活动是指在比赛、训练和体育课的基本部分之前，为克服内脏器官生理惰性，缩短进入工作状态时间和预防运动创伤而有目的地进行身体练习，为之后的剧烈运动或比赛做好准备。

准备活动又称热身运动，是运动训练的重要组成部分。准备活动是体育课、训练课以及比赛的重要环节。人体在相对安静状态时，如果没有进行准备活动就从事激烈的体育运动，往往会感到不适应，比如动作不协调、力量和速度等素质不能达到正常水平。这种现象需要经过一定的时间后才能逐步消除，我们将它称之为惰性作用。准备活动的作用首先是人为地通过肌肉的活动，克服各种机能（特别是植物性神经系统的机能）活动的惰性，从而缩短进入工作状态的时间，使机体进入正式活动时发挥较大的工作效率。归纳之，准备活动的作用可以归结为以下4点。

1.提高肌肉温度，预防运动损伤

体育锻炼前进行一定强度的准备活动，可使肌肉内的代谢过程加强，肌肉温度增高。肌肉温度增高的一方面可使肌肉的黏滞性下降，提高肌肉的收缩和舒张速度，增强肌力；另一方面还可以增加肌肉、韧带的弹性和伸展性，减少由于肌肉剧烈收缩造成的运动损伤。准备活动结束后，人体的体温升高了，便可以减少肌肉与韧带的黏滞性（减少阻力），增加弹性，促使关节囊分泌更多的滑液，以减小关节之间的摩擦力，加大关节的灵活性。这些变化可以加大人体运动的幅度，提高速度、力量、灵敏和柔韧性等，从而预防肌肉、韧带和关节的损伤。准备活动的各种练习，可以发展力量、速度、耐力、灵敏性和柔韧性等身体素质，培养正确的身体姿势，促使各种器官的正常发育，促进身体的全面发展，从而有利于体育锻炼者增强体质。

2.提高内脏器官的机能水平

内脏器官的机能特点之一是生理惰性较大，即当活动开始肌肉发挥最大功能时，内脏器官并不能立即进入"最佳"活动状态。在正式开始体育锻炼前进行的准备活动，可以在一定程度上预先动员内脏器官的机能，使内脏器官的活动一开始就达到较高水平。另外，进行适当的准备活动还可以减轻开始运动时由于内脏器官的不适应所造成的不舒服感。

人体是一个统一的整体，人体各器官、各系统的机能互相配合，相互协调。当肌肉进行紧张的运动时，有机物的强烈分解和能量释放，需要大大加强氧和营养物质的供应，而氧和营养物质的供应由呼吸系统与血液循环系统执行。然而支配内脏器官的植物性神经系统比支配骨骼肌运动的躯体性神经系统大。如果没有做准备活动的情况下，运动员就进行1500米跑步，躯体性机能在20～30秒内可以发挥较大的工作效率，而内脏器官需要在2～3分钟才能发挥较大的工作效能。因此，如果运动员不做准备活动就进入运动训练，内脏器官的机能就不能适应肌肉运动的要求，这不仅会使运动员的运动成绩下降，而且会使运动员出现不良的生理反应，如头晕、恶心、呕吐，甚至休克等现象，对人体健康有害。

3.调节心理状态

体育锻炼不仅是身体活动，而且也是心理活动。越来越多的研究认为，准备活动在体育锻炼中起着非常重要的作用。体育锻炼前的准备活动，可以起到心理调节作用，使大脑皮层处于最佳的兴奋状态。准备活动不但可以提高中枢神经系统的兴奋性和灵活性，而且可以大大提高植物性神经系统的兴奋性和灵活性，比如心脏中血液输出、输入量的增加，肺对气体变换量的提高，这些都能增强新陈代谢，保证肌肉的营养供应和废物的排出，提高运动员机体的运动能力，从而取得优异的运动成绩。

实际上，学生在上体育课或参加比赛之前，即使尚未开始运动，也会由于条件反射，使身体各器官系统的机能产生变化，以适应将要发生的肌肉活动，这种变化称之为赛前状态。但比赛前大脑皮层的兴奋性过高（过度紧张）或过低，都会对教学训练与比赛产生不良影响，这就需要通过准备活动加以调节，抑制赛前的过度紧张状态或消除无精打采现象，为顺利进行教学或比赛做好思想上与心理上的准备。

4.实现体育课教学目标

在体育课教学中，准备活动对实现体育课教学目标的意义在于：① 促进学生身体正常发育和素质的全面发展，培养正确的身体姿势，增强学生体质。② 为学习基本部分的教材做好思想上与生理上的准备，防止运动损伤，提高运动成绩。③ 掌握准备活动的基本知识与技能，使学生在从事课外体育活动时，懂得如何做准备活动。④ 振奋学生的精神，培养学生的组织纪律性和集体主义精神。

二、准备活动的分类

课程改革以全新的教育理念引发了一场深刻的革命，我们的教育开始倡导以人为本。体育课的重要理念也是人的教育。身体实践活动是体育与健康课的核心，引导学生主动参与体育活动是重要的教学内容，在教学过程中，应重视引导学生主动参与各项体育活动，使学生在体育活动中获得运动的乐趣和成功的体验。准备活动在体育活动中具有重要的意义。准备活动是教学的正式内容，是上好体育课的重要组成部分，关系到体育课的教学质量和效果。准备活动具有集中学生注意力、充分活动肢体、预防运动损伤的作用；能活跃课堂气氛，调动学生学习的积极性，使他们精神振奋、情绪饱满地学习；使人体各器官系统功能迅速地进入工作状态，一方面为基本部分的学习做好充分的准备，另一方面是使身体得到充分的发展。总之，准备活动的组织情况直接影响到教学目标的完成，同时对学生体质的不利影响和伤害事故的预防也都有重要的作用。

准备活动部分的时间。如果每课时以45分钟为例，一般准备活动应占10分钟为佳。准备活动按照性质和任务，可以分为一般性准备活动和专门的准备活动。在此之前，还有一项课前准备不可忽视的活动——课堂常规练习。课堂常规练习是指把学生组织起来，明确体育课的学习目标，进行集中注意力的练习、生理负荷较小的游戏和队列、队形练习等，使得身体各部分能够迅速进入运动状态。一般性准备活动主要是提高中枢神经系统的兴奋性，使身体各主要肌肉群、关节、韧带都能得到充分的伸展。进行一般性准备活动时，应注意加强肌群的练习，如慢跑、徒手的或持轻器械的基本体操和武术，准确严格按照规范动作进行。专门性准备活动练习的动作性质和结构与主要学习内容密切相关，多采用模仿练习、辅助练习，包括掌握该项内容所必须发展的身体素质。专门性准备活动可调节各器官与中枢神经间的协调机能，把与教学活动有关的肌群、关节和韧带充分拉开。

准备活动的类型应该根据体育课的目标、主要学习内容的性质、学生的特点与上课的条件等确定。所选择的准备活动应对身体产生全面影响，以便有效地动员身体完全进入运动状态。一般来讲，准备活动的组织教法采用集体形式，也可分组进行，既可以定位做准备活动，也可以行进间做准备活动。所选择的准备活动内容既要有提高人体运动能力的走、跑练习，又要保持学生的正确体态，从而促进学生生长发育。

准备活动的类型可以分为以下几种。

① 常规性准备活动。即从全面发展的角度出发，根据教材的性

质、教学内容和学生特点组织安排热身活动。常规性准备活动的内容既要有逐步提高人体工作能力的走、跑练习，又要有保持学生的正确姿势、促进学生生长发育的队列队形练习等。此外，准备活动的安排还应该考虑天气、气温等影响，准备活动的热身时间还要考虑季节等影响，比如夏季的准备时间要短于冬季的准备时间。

② 诱导性准备活动。即根据学习的内容和学生的情况组织安排的准备活动，目的是为了加快学生对动作技术的掌握，比如"跳高"学习之前的原地起跳练习，这种练习可以降低动作的难度，增强学生的信心，加快学生对动作技术的理解和掌握。诱导性准备活动的运用要根据学习内容的性质、学生的身心情况选择相应的活动内容和运动负荷。

③ 兴趣性准备活动。从学生的兴趣出发，围绕主要学习内容，以游戏、循环练习、竞赛形式安排的准备活动。它能调动学生的积极性，活跃气氛，提高教学质量。运用时，还要注意控制运动负荷，同时做好练习后的讲评和启示。

④ 节律性准备活动。即在各种节奏、节拍、旋律的伴奏下进行的准备活动，比如韵律操、健身操、武术操、青少年儿童保健操等，在做操时可使用音乐、口哨代替口令伴奏。它对于全面发展身体素质，满足学生的表现欲望和审美需求等具有非常重要的作用。

⑤ 意念性准备活动。即通过自我意识的引导和自我心理的调节，充分调动学生的身心，为之后的练习做好充分的准备活动。这种活动不但能加深对动作的理解和掌握、节省体能，还可以预防运动损伤，适用于动作技术较为复杂、容易发生运动损伤的运动项目。

⑥ 放松性准备活动。即在练习或比赛前，为充分发挥自身的体能，使自己处于最佳练习或比赛状态而进行的活动，如试跑、试投、试跳之前，手臂的放松抖动、深呼吸以及轻松的跳跃。

⑦ 补偿性准备活动。即为了掌握动作技术，根据学生对动作技术所欠缺的身体素质而组织的准备活动。如为了掌握单杠的翻身向上而安排仰卧起坐、两头起、单杠上的引体向上、双杠的双臂屈伸练习等，目的是为了提高上肢及腰腹力量，为技术动作的掌握奠定

基础。补偿性准备活动应根据动作技术的需要、学生的承受能力安排好运动负荷量及运动负荷强度。

⑧ 迁移性准备活动。即为了形成正确的动作概念，加速对动作技术的掌握，促进迁移，克服干扰而组织安排的准备活动。比如跳远和跳高中都有踏跳，但是内容是不同的，所做的准备活动也是不同的。掌握跳远技术之后，在学习跳高动作时所安排的模仿练习、辅助性练习应与跳远技术练习相区别，并应在学习主要动作之前进行讲解。

⑨ 作业性准备活动。即以课后作业的形式，要求学生完成的各种练习，其目的是提高体育教学、训练的质量。

三、准备活动的原则

做好准备活动，应该遵循以下几个原则。

1. 趣味性原则

趣味性原则要求准备活动的内容能够激发学生的学习兴趣，调动学生的学习积极性。"趣味性"指以游戏、健美操、韵律操、集体舞为主，使学生尽快从惰性中走出来，为体育课的基本部分做好准备。当前，学校的体育课一般都安排在上午后两节或下午一、二节，这个时间段的学生兴奋性都较低，为了提高学生的兴奋性，体育教师要在阐明体育课的任务与要求之后，在练习中增加有吸引力的游戏。

2. 针对性原则

针对性原则是根据学生的年龄特征、生理和心理特点、个体差异、体育课的目标、学习内容，有目的、有针对性地选择准备活动的内容。"针对性"主要是针对对象和教材。针对性原则要求准备活动要做好充分的准备，特别强调要做好专门性准备活动。儿童、少年的准备活动内容应简单易学、节奏分明、生动活泼，动作速度可稍快，重复次数要少些，变化适当多些；女学生的准备活动应该根据其生理解剖特点，选择能发展她们的腹肌、骨盆底肌和大腿力量的练习;青年人的准备活动应选择结构复杂、刚强有力、积极快速、幅度大的动作进行练习;技术水平高的学生,准备活动的动作应复杂些,难度应高些,专门性准备活动的内容更应注意这一点;针对某项身体素质较差的学生,可选择一些发展该项素质的练习,以促进落后素质的发展和提高。

准备活动应层次清楚、重点突出。教师在组织准备活动练习中,应把一般性准备活动、专项性准备活动以及为专项服务的辅助练习紧密地结合起来,为提高基本部分的练习效果打好基础。准备部分的成功与否,直接影响到体育课的质量。

3. 创新性原则

创新性原则要求发挥教师和学生的聪明才智,对准备活动进行大胆改革,突出创意,培养学生的创新精神和实践能力,使学生有一个施展的空间,使准备活动有一个全新的面貌。有些教师在安排准备活动时,花样变换少,容易使学生产生机械性反应。例如编排徒手操,既要使用学生所熟悉的练习,又要增加新颖内容,还要采取各种方式以最大限度地发展学生的柔韧性、灵活性和协调性。

4. 教育性原则

教育性原则是指通过准备活动,不但要达到热身的目的,同时还应能对学生进行良好的思想品德教育。教育性原则也是以游戏形式为主。游戏的方法、形式、作用,都应与教学内容及课程的目标紧密相连。如"送鸡毛信"活动是对学生的爱国主义教育,"捡西瓜皮"活动是对学生的环保意识进行的教育等。学生在活动中能够得到启发,从中获得最有效的学习方法,受到良好的教育。在教师的启发下,学生还能自己慢慢学会做准备活动,学会科学的锻炼方法。

5. 实用性原则

准备活动必须遵循实用性的原则,而不是敷衍了事。无论是哪种类型的活动内容或者是形式,都应该具有实用性和价值性。要让学生能够充分活动开来,为体育课的基本部分做好充分的准备。在准备活动中，可通过各种途径，采取丰富多彩、变化多样的方式进行练习，这不但可以活跃课堂气氛，还可以培养学生的自我活动能力和集中注意力。

6.全面性原则

全面性原则是指准备活动必须考虑到学生的全面发展，从上肢到下肢、从四肢到躯干、从身体到心理都要让学生充分活动。同时，还要考虑学生身体素质的平衡、技术技能的掌握等，为完成课程的目标做好全面准备。进行准备活动时，必须精讲多练，加大密度与运动量，中间少停顿，同时还要使学生容易理解动作要领；复杂的动作用慢动作示范，学生跟着做动作，不仅能够节省时间，还能促进学生耐力的发展。

总结准备活动的原则，趣味性原则是最基本的原则，针对性原则更能为主教材服务，创造性原则重在开发学生的智力，教育性原则能够培养学生良好的思想品德，实用性原则能够明确准备活动的效果，全面性原则能够让学生得到全面发展。在教学活动中，准备活动的任何一条原则都是不可或缺的，体育教师要根据体育课的教学目标、教学内容和教学任务进行合理运用。此外，还应注意以下问题。

（1）准备活动的运动量。准备活动运动量的大小，应根据教材的内容、对象、外界环境而定。但是，它不能超过正式练习的运动量，否则能量消耗过多，不利于正式练习。儿童、青少年的中枢神经的兴奋性高、灵活性大、生理惰性小，其准备活动的时间可相对短些；成年人的生理惰性较大，运动量可逐步上升，准备活动的时间就要相对长些。冬天气温低，散热快，机体发热所需的时间就长，生理惰性大，活动时间要稍长，运动量要稍大，夏天则相反。准备活动的运动量太小，身体活动不开，将使学生无法适应正式练习；运动量太大，能量消耗过多，中枢神经就容易疲劳，也会降低运动成绩。

（2）准备活动与休息间隔。比赛时，如果准备活动后休息时间过长，最好在比赛前做些补充活动，尤其是集体项目的替补人员，预防运动损伤的发生。

（3）正确运用不同的运动方法、方向、幅度、频率及次数，提高准备活动的效果。训练者要根据锻炼的目的，选择不同的运动方法，锻炼不同的肌肉群；采用不同的幅度、速度和频率，增减运动强度和运动量；调整参加运动的身体部位及数量和主要动作重复的次数来控制运动量。

四、田径体能训练前的准备活动

1.体能状态的基础

体能训练不可以是单方面的，尽管以健身为背景的体育活动是重要的，但仍然应该以同样的方式对所有体能状态的基础进行训练。体能状态的基础是指体力、耐力、速度、柔韧性和协调性。实践证明，耐力好的人较少患心脏循环系统疾病。人们已经认识到，就连良好的肌力和良好的柔韧性都具有重要的预防价值。在体育活动中，良好的柔韧性可以预防运动损伤，而受到限制的柔韧性完全可能成为机能减退以及支撑系统和韧带系统病痛的原因。与此相关，肌力也应纳入具有重要价值的一类。在很多情况下，肌力匮乏容易引起支撑系统的衰弱，容易出现疼痛，比如背痛等。

通常协调性容易受到忽视。随着年龄的增长，协调性的减退会对生活质量产生消极影响，例如上楼梯或者弯腰困难，感觉能力和反应能力减退等。

2.训练前的体能检查

较长时间不活动或者年龄稍大，或者病愈后重新开始身体活动，为安全起见，应该先向医生咨询，尤其是那些运动对健康有风险的人，例如高血压和肥胖患者。当然，即使健康的人进行体育活动也会有一些风险。所以，训练者在开始接受训练之前，应当清楚自己当前的体能状态，做简便的体能自我评测。另外，建议体育活动初练者和伤病愈后重新参加运动者，可以先按照体质差的人群的训练计划进行。

3. 初练者的基本健康状况检测

实施体能训练前必须对初练者的基本健康状况进行检测。① 不同素质的检测：耐力检测可以做步行检测，体力检测可以做屈体，柔韧性检测可以做肩膀柔韧性检测，协调性检测可以做单腿闭眼站立。② 检测准备包括：如果身体健康并感觉精力充沛，可以做运动负荷检测；运动检测前需要做好准备活动，而且在检测实施前进行彻底的热身活动，在各个检测的间隙安排相应的休息时间；控制好负荷脉搏，负荷脉搏=180-年龄。

第六节　田径体能训练心理调控

田径运动员的心理调控需要通过对心理能力的训练来体现，针对心理能力的训练，常用的方法主要有意念训练法、诱导训练法。对于不同的心理现象，所采用的方法也不同。运动员或教练员可以结合具体情况合理利用。

一、常见的心理能力训练方法

1. 意念训练法

在田径体能训练中，意念训练法是常见的心理能力训练方法之一。它是指运动员有意识地、积极地对头脑中已经形成的运动表象进行利用或充分利用想象进行训练的方法。

意念训练对战术训练有着较为显著的作用和影响，如在训练之前通过对技术要领方法的想象，在大脑皮层中留下技术"痕迹"，也就是所谓的技术概念，然后在训练中将这些痕迹逐渐激活，这样就能够达到使动作完成得更加正确、顺利的效果。另外，如果在训练之后，对刚刚完成的训练进行技术"回忆"，能够达到使正确动作在脑海里更加巩固的效果。如果动作中有错误出现，在回忆中伴随着对错误动作的"纠正"，通过与正确技术进行对比，能够使其得到"克服"，从而使下次训练再次出现错误的现象得到有效避免。

在进行意念训练过程中需要注意的是，产生一种思维运动效果是非常有必要的，要有意识地发展思维，从而达到将思维与各种运动感觉有机地结合起来的目的，进而将头脑中的想象变成运动中机体的"活力"，使训练者能够高度集中注意力，要达到这种效果，闭目训练是较为有效的方法之一。

另外，从另一个角度来看，自我暗示也是意念训练的一种，通过自我暗示，不仅能够对动作的完美过程进行想象，而且还能够通过暗语的使用，达到自我动员激励的效果，进而取得技术想象与心理调控的双重效果。在进行意念训练时，为了保证良好的训练效果，可以在暗室间进行，最好是在一个舒适的地方坐着或躺着进行。

2. 诱导训练法

所谓诱导训练法，就是在训练中采用有效刺激物把运动员的心理状态引导到某事物或方向上去的训练方法。通过运用这一训练方法，对于训练与比赛任务的完成，建立良好的心理状态有非常积极的推动作用。从广义上讲，也可以将意念训练法看作是一种自我诱导方法。但是，诱导训练法与意念训练法具有一定的差异，两者之间的区别在于训练者诱导训练是通过教练员、心理学专家等他人的诱导或者用录像带等外界刺激来完成的；而训练者意念训练的完成则是通过自身的诱导完成的。

一般情况下，诱导训练进行的途径有很多种，可以由诱导者发出语言信号，由运动员按预定要求去实施。语言诱导是诱导训练法的一种重要方法，常用的手段主要包括鼓励与批评、说服与疏导、启发与幽默。诱导者进行训练常用的一种形式就是通过做示范、展示图片、放录像和电视等方式，将诱导信息传递给运动员，经由运动员的视觉器官接受信息，并按预定要求去实施。

在进行诱导训练时，应注意的是，一定要以运动员的兴趣为主要依据来选择诱导手段，只有这样，才能够引起运动员注意力的转移,这对于取得良好训练效果有积极的影响。但一定要有计划地进行运用,否则会产生副作用。诱导者可以是教练员、心理学家或者同伴,但无论谁是诱导者,一定要保证其在运动员的接受范围内。

二、常见的心理现象调控方法

1.心理胆怯的调控方法

一般来说,心理胆怯往往是由于对自己的不自信、压力大、对陌生环境不适应等造成的,初学者常常会有这种心理状态。心理胆怯会使大脑皮层的控制系统陷入混乱状态,使神经系统的控制被打乱,从而引起机能失调。要想调控心理胆怯,首先要解除其胆怯的原因,解除思想负担。

2.心理紧张的调控方法

在田径体能训练或比赛之前,往往会出现心理过度紧张现象。心理紧张会减弱大脑皮层对自主神经系统和皮层下中枢的调节活动,从而导致呼吸短促,心跳加快等症状出现,严重者还会表现出四肢颤抖、尿频等症状,这些都会使训练者心理活动出现失常,并且很难在训练中高度集中注意力。另外,心理紧张有可能导致失去控制自己行动的能力,这些反应会在一定程度上影响训练效果。造成心理紧张较为重要的影响因素主要有:睡眠不足、训练过度、恢复不好、对自己期望过高、压力过大、过去失败表象的重现等。克服和调控心理紧张现象,可以根据实际情况有针对性地采取以下5种方法。

(1)表象放松法。表象放松法是使训练者想象通常感到放松与舒适的环境,让训练者在头脑里置身于这个环境之中,使身体得到放松的方法。运用这种方法,能够缓解心理紧张,取得较为理想的调控效果。

(2)阻断思维法。阻断思维法是当训练者由于信念的丧失出现消极思维,引起心理紧张时,训练者利用大吼或者向自己大喊一声"停止",阻断消极的驱动力意识,以积极思维取而代之的方法。通常情况下,阻断训练者的消极思维的方法有很多,比如响亮口号或者做一些切实可行的活动等。

(3) 排尿调节法。一般来说,情绪紧张会出现尿急和尿频的现象。及时排尿可以在一定程度上使训练者产生愉快感,从而较好地放松心理和肌肉。

(4) 音乐调节法。音乐调节法是通过让训练者选听不同的音乐以使其兴奋或镇定的方法。音乐给予人的"声波信息",能够有效地消除大脑所产生的紧张,同时,音乐对于人内在注意力的集中也会起到积极的帮助作用,从而保证大脑的思想井然有序,进而达到调节情绪的良好效果。

(5) 自我暗示放松法。自我暗示放松法是通过自我默念和暗示等来达到放松心情的方法。这种调节心理紧张的方法,往往由教练员指导,让训练者依次将身体的各个肌肉群放松,同时使呼吸有所增强,经过几次指导,待训练者掌握一定的方法技巧后,让训练者自己独立完成。通常情况下,训练开始时需要花费较长的时间才能使全身放松,熟练后所需时间逐渐缩短,最后可用较少的时间就能够达到放松全身肌肉的目的。

3. 注意力分散的调控方法

注意力分散对训练有较大的负面影响,如果不加以注意,往往就会造成运动员的损伤。常用的对注意力分散进行调控的方法有以下几种。

(1) 培养训练者平时应对其他念头或事物干扰的能力。

(2) 当一个人对某件事具有足够的兴趣时是不容易分心的,因此可以使训练者对所从事的训练活动产生强烈的愿望和浓厚的兴趣,以集中他们的注意力。

(3) 在训练时,引导训练者将注意力集中在训练过程上,而不是训练结果上。

(4) 可以采用视物法进行调控。即集中注意力看一个目标,然后闭上眼,对这个目标形象进行努力回忆,多做几次,直至目标在头脑里清晰地再现为止。

（5）可以采用看表法进行调控，即集中注意力看手表秒针的转动，并且将每次持续的时间记录下来，每次练习不少于3次，每次持续时间以超过5分钟为好。

（6）可以采用辨音法进行调控，即在嘈杂的环境中，让运动员对钟表走时发出的嘀嗒声音进行辨别，并且将听见的次数记录下来，以10分钟为限。这种方法对于集中运动员注意力能够起到良好的调控效果。

4.消极情绪的调控方法

消极情绪是训练者在激烈竞争的刺激下，对超限心理负荷所产生的一种失常的心理体验。消极情绪会表现出心情不安、恐惧、紧张过度和情绪失控等症状，同时，这些症状会使训练者表现出一定征象，较为常见的征象有呼吸困难、心跳加快、四肢无力等，严重者还会出现智力下降、知觉迟钝、行为刻板等生理现象，最终使训练者对比赛失去信心。因此，一定要采取相应的措施克服消极情绪，常用的方法有以下几种。

（1）激励法。即以训练者个性与客观影响为主要依据，对训练者的士气起到激发作用，并且将消极情绪转化为积极情绪的方法。

（2）转移法。即通过使用一些刺激物去消除引起消极情绪的诱因，缓解和排除消极情绪的方法。特定的思维定式和注意定向往往会导致训练者产生恐惧、不安和紧张，因此，对于消极情绪，可将受训者注意力进行转移。

（3）升华法。在进行体能训练时，常常会出现这样一种现象，就是训练者的某些"能量"在一定场合下释放得恰到好处，可是在另一种场合下却适得其反。举例说明，勇气是训练者必须要具备的一种品质，但是，盲目使用勇气，往往会使训练者在某些场合下做出使蛮劲儿的事情。在这种情况下，就可以运用升华法，提高训练者的认识，进一步增强其克制力并规范行为。

（4）暗示法。即利用客观刺激物调节训练者心理的方法。这里所说的暗示法主要指的是积极的客观刺激。比如，在比赛中，教练员从容的表情、轻松的语言及和蔼的态度等，都会对训练者产生一定的鼓舞，有效缓解和消除训练者的消极情绪。除此之外，训练者也可以通过自我暗示的方法，对消极情绪进行有效控制。

（5）体验法。即消极情绪的训练者通过参加训练去体验克服恐惧和紧张的方法。通过体验法的运用，能够有效提高训练者对恐惧、紧张的免疫力，有效的控制消极情绪的产生。

5.心理淡漠的调控方法

心理淡漠的产生与多种因素有关，最主要的因素是由于训练者大脑皮层兴奋程度下降、抑制过程加强。训练者心理淡漠，往往会表现出情绪低落、意志消沉、精神萎靡、体力下降，对训练缺乏信心，知觉、注意力强度减弱，反应迟钝等症状。心理淡漠的常用调控方法有以下几种：① 帮助训练者端正比赛的正确态度；② 帮助训练者对其心理淡漠的情况进行深入的分析，并且制订可行性方案，以提升自信心；③ 防止过度训练，使训练者以饱满的热情参加训练。

第三章
田径运动类项目的基本技术

田径运动是人类长期社会实践发展起来的,1998年国际田联章程第1条将田径运动定义为"田径运动是由田赛和径赛、公路赛、竞走和越野赛组成的运动项目"。由此可将田径运动划分为竞走、跳跃、投掷以及由跑跳、跳跃、投掷部分项目组成的全能运动。本章就田径运动的竞走、跑、跳、投掷类运动项目的基本技术做简要阐述,便于运动健身者正确地认识田径运动,提高自身的运动能力和运动素质。

第一节 竞走类项目基本技术

在田径运动中,走类项目主要是竞走项目。竞走项目的竞走技巧并不难掌握,只要有意识地保持就可以。本节主要介绍竞走运动的正确技术方法和常见错误。

一、姿势

1. 正确的姿势

在竞走的整个过程中,为了保持正确的身体姿势,运动员头部应该处于一个相对自然的位置,并看向前方的道路,其后背要始终平直,迈步时骨盆不能向前或向后倾斜,身体的整体形象要始终是正直和放松的。

2. 错误的姿势

(1)腰部向前弯曲。这种姿势使后背紧张并限制了髋部的运动。可能是由于肌肉力量减弱或者躯干肌肉力量失调造成的。

(2)前(后)倾。整个身体过分地向前或向后倾斜。这些都是潜在的、有害的错误动作,并减弱了力学效果。

(3)凹背。这种姿势限制了髋部的运动,并且使身体重心后移。另外,它也可能缩短步幅,并导致非法迈步,这可能是由于肌肉力量减弱或者是后背或腹部肌肉紧张的原因。

(4)低头。通常由缺乏注意力或者颈部肌肉力量减弱引起,容易导致颈部和肩部痉挛。

二、髋部运动

1. 正确的髋部动作

后腿通过髋部向前转髋(横轴平面平行于地面)被推离地面,使膝关节和脚加速向前运动。在之后的摆动动作阶段,膝关节赶上向前运动的髋的位置。当接触地面时,脚后跟会超过膝关节。

2. 错误的髋部动作

(1)髋部过分下沉。现代的竞走技术更强调没有髋关节过多上下运动的转髋技术。

(2)髋部过分侧向运动。如果髋部从左向右运动,人体的重心将随之运动,这将降低向前运动的速度,并浪费能量。

三、步长

1. 正确的步长

步长的长度与髋部动作具有相关性，只有通过正确的髋部动作，才能达到理想的步长，同时能形成沿着一条直线的正确放脚。转髋动作不足或者受骨盆柔韧性的限制，将导致脚落在一条直线的两侧，从而影响成绩。

2. 理想的放脚姿势

由于两点之间直线最短，所以理想的放脚姿势是运动员的脚指向身体的正前方，使之成为一条直线。有些人在放脚时，脚尖自然向外或者按照他们自己创造的方法放置。这些运动员不必着力于改变他们的放脚方式，可通过正确的运用髋的动作，使他们的脚的着地点出现在一条直线上，但他们的脚通常不会平行。尽管这种放脚效率稍低，但若强制把脚放正、放直，可能会引起腿、脚和膝关节的紧张。

3. 错误的动作

运动员不能为了增加步长而直接将脚向前伸太远，这会引起跨大步。把握好髋部动作才能走出理想的放脚姿势，如果一名竞走运动员在没有掌握正确的髋部动作的情况下试图模仿这种放脚姿势，他将处于一种不必要的使膝关节紧张的状态。

四、摆臂动作

1. 正确的摆臂动作

运动员在进行摆臂时，摆臂的方向应为前后方向，肘部弯曲的程度在45～90度之间，肘部的弯曲角度必须固定，但在整个的摆臂过程中，肌肉应处于放松状态。屈臂摆动与直臂摆动相比，缩短了转动半径，摆动速度更快。

手移动的路线应从臀后腰带水平的位置沿着弧线摆向胸骨位置，两手不应在身体中线的位置交叉，整个臂的摆动应低且放松。两个肩胛骨间不应紧张,摆臂结束时也不应耸肩。

运动员的手应放松,可是在摆臂时手腕不应下垂或上下甩动。手腕应伸直,同时,手应呈半握拳状。当手摆过臀部时,指尖向内。如果运动员的手呈放松状态不舒服时,则应握成拳头,但握拳要松,拇指应放在食指和中指间。

2.错误的摆臂动作

(1)过分左右摆臂,这会引起重心左右摇摆并浪费能量。

(2)肘关节角度小于45度,这可能导致小步幅和浪费能量的上下运动。

(3)肘关节角度太大,肘关节的角度太大会导致步频较慢。

五、膝关节动作

1.正确的膝关节动作

(1)膝关节在脚跟接触地面的瞬间至支撑腿达到垂直部位时必须伸直。

(2)在恢复摆动时,膝关节弯曲,因缩短了转动半径而加快了摆动的速度。

(3)后腿开始弯曲的时机,因运动员的不同而稍有变化。弯曲的最佳时机应根据膝关节的结构、柔韧性和运动员的力量来决定。

2.错误的膝关节动作

(1)前腿膝关节在腿达到垂直部位之前弯曲,属于违规动作。这可能是由于运动员想以较快的速度走,却超出了自己的身体素质水平所能维持的范围。

(2)脚跟着地时屈膝,这是由于在体前迈步过大,股四头肌力量不足以及与跟腱紧张或力量弱造成的。

(3)前腿膝关节摆动过高,会浪费身体能量,并且可能导致非法迈步。这通常是从跑的动作中遗留下来的习惯。

六、脚的动作

1.正确的脚部动作

正确动作的基本要领是脚跟要先着地，脚尖跷起，而不是整个脚掌同时着地。一旦脚与地面接触，人体就开始向前运动，在腿完全支撑人体重量之前，脚尖一直没有着地，脚尖离地的时间与胫外侧肌的力量有直接的关系。

2.错误的脚部动作

前脚掌着地太早或全脚掌着地，这将产生一种制动作用，既浪费了能量，又缩短了步幅，且会引起膝关节过早弯曲。这可能是胫外侧肌力量不足或是柔韧性差或是髋关节的灵活性差造成的。

第二节　跑类项目基本技术

跑是人们日常活动中锻炼身体的主要方式，跑的动作轻盈、协调、节奏感强，其目的是增加身体健康。跑的种类很多，在正规的田径运动比赛中，设有短跑、中跑、长跑、超长距离跑（马拉松赛跑）、跨栏跑和障碍跑；在田径运动会上，还会设有接力赛跑的项目。本节主要针对具有代表性的跑类项目的基本技术进行分析。

一、短跑的基本技术

400米及以下的竞赛项目称为短跑，它是人体在大量缺氧状态下持续高速跑的极限强度运动。短跑技术是一项要求全身协调配合、灵活性高、强度大的激烈运动项目。完整的短跑技术包括起跑、加速跑、途中跑和终点跑几部分。

1.起跑技术

规则规定，短跑必须采用"蹲踞式"起跑。蹲踞式起跑是为了获得向前冲力，使身体尽快地摆脱静止状态，为起跑后的加速跑创造有利的条件。

蹲踞式起跑技术由"各就位"、"预备"、"枪响"三个阶段组成。

当运动员听到"各就位"的口令时，放松走到起跑线后，双手在起跑线前撑地，然后两脚依次贴放在起跑器抵趾板上，脚尖触地，后膝跪地，两手四指并拢，虎口张开，手臂伸直支撑在起跑线后沿，两手间距与肩同宽或比肩稍宽，身体重心适当前移，肩约与起跑线齐平，头与躯干保持在一条直线上，颈部自然放松，注意下一个口令。

当运动员听到"预备"的口令时，缓慢地抬起臀部，同时向前移肩，使两脚掌压紧起跑器抵趾板。此时，前腿的膝角为55～70度，后腿的膝角为110～135度。身体重心落在两臂和前腿上，注意听鸣枪。

当运动员听见枪响后，两手迅速离地，两臂屈肘快而有力地前后摆动，同时两腿迅速蹬离起跑器。然后迅速屈膝向前上方摆动，前摆时脚不应离地过高。同时，前腿快速有力地蹬伸，躯干保持较大的前倾姿势，把身体向前推进。

2.加速跑技术

加速跑是指运动员在起跑后，利用蹲踞式起跑向前的冲力，在较短的时间内，尽快地发挥较大的速度，自然地进入途中跑。根据短跑跑道的不同，可以分为直线跑道起跑后加速跑和弯曲跑道起跑后加速跑两种情况。

（1）直线跑道起跑后加速跑。在起跑的基础上，大腿积极向后方下压，起跑后第一步约为三脚半长至四脚半长，以后的步长逐渐增大，直到途中跑。起跑后上体自然前倾，随着跑速的增大，上体逐渐接近正直。起跑后加速跑的前几步两脚落点自然分开，随着步长的增大，上体逐渐接近正直，两脚落点逐渐合在一条直线上。（加速跑一般为25～30米），自然过渡到途中跑。

（2）弯曲跑道起跑后加速跑。为了便于发挥速度，开始几步向内侧分道线切点呈直线跑进。加速跑的距离相应比直道加速跑要短，上体抬起较早,弯迈跑时,身体应顺势向内侧倾斜,尽量沿着内侧分道线跑进。

3.途中跑技术

途中跑的任务是继续发挥和保持高速度到终点。途中跑的一个周期包括后蹬与前摆、腾空、着地缓冲等动作阶段。

(1)后蹬与前摆。当身体重心移过支点垂直面时,就进入了蹬地腿的后蹬与摆动腿的前摆阶段,这时,摆动腿的大小腿折叠超越支撑腿开始,迅速有力地向前上方摆出,并且带动同侧骨盆前送大腿与水平面成15~20度,支撑腿在摆动腿积极前摆的配合下。快速有力地伸展髋、膝、踝关节,蹬离地面形成支撑腿与摆动腿协调配合动作是途中跑的关键。

(2)腾空。当支撑腿结束后蹬,即进入腾空阶段时,小腿随着蹬地后的惯性和大腿的摆动,迅速向大腿靠拢,形成大小腿折叠前摆的动作。与此同时,摆动腿以髋关节为轴积极下压,膝关节放松,小腿随摆动下压的惯性自然向前下方伸展,准备着地。

(3)着地缓冲。当摆动腿的前脚掌着地的瞬间,即开始了着地缓冲阶段,着地位置约距离身体重心投影点的一脚半处,着地动作应非常积极。腿部各关节的缓冲过程不应是消极的,应主动去加速身体重心的前移,随即转入后蹬。在途中跑时,头部正直,上体稍前倾。两臂以肩为轴,自然、轻快、有力地前后摆动。

4.终点跑技术

终点跑是全程跑的最后阶段,其任务是尽量保持途中跑的高速度跑过终点。终点跑包括终点跑技术与撞线技术。

终点跑技术:通常情况下,在后15~20米终点跑时,会产生体力透支的感觉,导致体力下降,出现速度减慢的现象,此时应注重加快摆臂动作,使速度损失减小到最低程度。

撞线技术:当跑到距终点线1~1.5米处时,上体迅速前倾,用胸部撞终点线。

跑过终点线后,应顺势逐渐减速,而不要突然停止。摆臂动作的快慢与下肢动作频率的快慢紧密相关。

二、中长跑类运动项目的基本技术

1.起跑技术

田径竞赛规则规定中长跑比赛必须采用站立式起跑，而且起跑时双手不得触地，双脚必须与地面接触。中距离跑一般采用低姿的站立式起跑；长距离跑则采用高姿的站立式起跑。发令前要求运动员站在起跑集合线后，听到"各就位"口令后，先做一两次深呼吸，然后走或慢跑到起跑线后。

（1）低姿站立式起跑。两脚前后站立，前腿的脚紧靠起跑线后沿，前脚跟和后脚尖之间的距离为一脚到一脚半，两脚左右的间隔约半脚长，体重大部分落在前脚上，后脚用前脚掌支撑站立，两腿弯曲，上体前倾，前脚的异侧臂自然弯曲在体前，同侧臂在体侧自然后伸。头都自然与躯干保持在一条直线上，眼向前看3～5米处，保持身体稳定，静候枪声。

（2）高姿站立式起跑。两脚的前后距离一脚左右，体重大部分落在前脚上，两腿微屈，上体稍前倾。前脚异侧臂自然弯曲下垂，同侧臂自然弯曲于体侧，静候枪声。

运动员听到枪声后，两腿用力蹬地，后腿蹬地后以膝领先向前摆出，脚不要离地太高，两臂屈肘配合两腿的蹬摆做快速有力的前后摆动，迅速迈出第一步。

2.加速跑技术

在中长跑项目中，加速跑的任务是根据战术需要抢占有利位置，并在较短的时间内达到预定的速度并转入中长跑。加速跑的距离应根据项目、个人训练水平、战术、参加人数而定。一般情况是比赛距离越长加速跑的距离越短。加速跑阶段，要求摆腿和后蹬的动作都应迅速积极，逐步过渡到途中跑。

中长跑起跑后的加速跑阶段，不需要像短跑那样激烈、迅猛。再者，有较多的中长跑比赛项目是不分道进行。这就要求运动员在起跑阶段，应根据自身和对手的情况，占据一个适合自己需要的位置。

3.途中跑技术

为了减少着地时产生的阻力，应以"扒地"式的着地方法将脚落在离身体重心投影点较近的地方。前脚掌着地时，着地腿的膝关节是稍微弯曲的，脚跟和膝关节几乎在一条垂线上。脚着地后，小腿后侧肌群和大腿前侧肌群应积极而协调地退让，以减缓着地的制动力，并为后蹬创造有利条件。在缓冲的过程中，应迅速屈踝、屈膝和屈髋，其中屈膝起着主导作用。

当身体重心移过支撑点以后，一腿开始后蹬，同时另一腿开始前摆的动作。这时，摆动腿膝关节迅速有力地向前上方摆出，带动同侧骨盆前送，支撑腿快速有力地伸髋、伸膝、伸踝关节，最后通过脚掌过渡到脚趾蹬离地面，形成摆动腿与支撑腿的协调配合。后蹬结束时，后蹬腿的膝关节不是完成伸直的，其角度在 $160 \sim 170$ 度，蹬伸结束后应快速向前摆腿。

后蹬腿蹬离地面后，人体进入腾空阶段。此时大腿迅速向前摆出，小腿自然顺势摆起向大腿靠拢，摆至支撑点垂直上方时，形成大小腿折叠的姿势。然后，大腿继续向前上方摆动。脚着地前，摆动大腿积极下压，小腿顺势前摆，为完成"扒地"式的着地动作做积极准备。脚着地时用前脚掌或前脚掌外侧先着地，然后过渡到全脚掌着地。着地时，脚尖应正对跑进的方向，不应偏离。大小腿的充分折叠缩短了摆动半径，不仅能加快摆动的角速度，同时使大腿前摆省力。

中长跑时运动员为了改善气体交换和血液循环的条件，满足所需要的通气量，需要掌握正确的呼吸方法和节奏。呼吸的节奏应和跑的节奏相结合，一般是一步一呼，一步一吸，两步一呼，两步一吸；或者三步一呼，三步一吸。这些方法都需要注意呼吸深度，要保证充分的呼气与充分的吸气。呼吸时要用鼻和半张开的口同时进行，最大限度地满足机体对氧气的需要。

人的内脏器官机能具有惰性，在中长跑的过程中，氧气的供应暂时落于肌肉活动的需要，跑一段距离后会不同程度地出现气喘、呼吸困难、胸闷、动作无力现象和跑速降低等疲乏感觉，这种现象在生理叫"极点"。极点是激烈运动开始阶段心血管系统机能变化与运动器官活动强度之间不相适应的生理现象。它与训练水平、准备活动的程度、跑的强度、内脏功能适应激烈运动的能力等都有关系。训练水平高的运动员，"极点"表现不明显，时间也短，或者整个比赛中不出现"极点"现象。当"极点"出现时，适当降低跑速，注意加速呼吸，应以顽强的意志力坚持跑下去。因此，对于"极点"的克服，不仅是提高训练效果的过程，也是锻炼个人承受能力的过程。

4.终点跑技术

终点跑是全程结束前最后一段距离的冲刺跑。其距离要根据项目特点、训练水平、战术需要及比赛具体情况而定。

中长跑终点跑的动作要求基本上和短跑相同。略有不同的是，中长跑终点跑的距离比短跑要长，而且要根据个人余力、场上情况和战术要求来确定。一般情况下，800米可在最后150～200米处开始冲刺，1500米可在最后250～300米处开始冲刺，3000米以上可在最后200～600米开始逐渐加速过渡到冲刺跑。冲刺跑时，运动员应适当加大躯干前倾的角度，手臂用力前后摆动，主动加大摆臂的幅度，加快摆臂的频率，从而有助于加大下肢的动作幅度和频率，动员全部力量，以顽强的毅力冲向终点。

5.中长跑的战术

由于中长跑比赛时间较长，运动员可以根据比赛的各种不同情况，使用一些提高成绩的战术。一般来说，中长跑比赛中常用的战术有以下几种。

（1）夺标战术。为了夺取某项名次而不考虑创造优异成绩安排的战术，要求运动员根据比赛的具体情况采用跟随跑，节省体力，用最后冲刺的方法获得较好的名次。

(2) 创纪录战术。为了创造最好成绩而不考虑名次得失所安排的战术，这种跑法必须具备较强的实力。

(3) 匀速跑战术。除了起跑后加速跑和最后冲刺外，跑程中基本上采用较高速度的匀速跑。

(4) 变速跑战术。一般情况下通常是领先者为了甩掉对手采用的跑法，用以打乱对手跑的节奏，消耗对手的体力，该战术的跑法是突然加速或突然减速，所以非常消耗运动员的体力。

(5) 跟随跑战术。运动员出发后始终跟随在领先者后面，力争在最后冲刺阶段奋力超越对手，率先通过终点，这种战术通常为速度好而耐力相对稍差的运动员所采用。

(6) 领先跑战术。运动员出发后占领领先位置，并尽力保持较高速度，直至领先到达终点的一种跑法，这种方法一般为速度稍差而耐力好的运动员所采用。

三、接力跑的基本技术

接力跑是队员之间相互配合的一种集体竞赛项目。与短跑类似，要保证快速跑进中完成较短距离的交接动作。接力跑成绩的好坏，不仅决定于每个队员单项跑的成绩，而且在很大程度上取决于队员之间的密切配合和传、接棒技术的好坏。

1. 弯道起跑

4×100米和4×400米接力一般都采用弯道起跑（200米、400米、800米、3000米、5000米、10000米等也采用弯道起跑）。

弯道起跑的最后冲刺阶段大都为直道，便于快速冲刺和创造记录。而且，弯道起跑也更易获得加速。因此，弯道起跑时，身体的位置、起跑器安装的位置与直道略有不同。

使用起跑器时，应放在靠近自己跑道的外侧，使两个起跑器抵趾板的平面对着进入弯道切点方向，使起跑出去后能跑成近似直线。运动员在做"各就位"动作时，也应使自己的整个身体面对进入弯道的切入点方向。做"各就位"动作时，左手撑地并不是紧靠着起跑线的后沿，而是撑在离起跑线5～10厘米处。这样可以使整个身体比较自然地面对弯道切点的方向。

起跑时，两条腿要完成蹬、摆配合。右腿向前摆动时，膝关节稍稍有"内扣"的动作，并且右脚落地时，足掌稍稍有内旋动作，用右脚掌内侧部位着地，便于适应弯道跑的要求。

在弯道上进行站立式起跑，运动员完成"各就位"动作的站位时，应站在起跑线的最外侧，然后向内侧线的切点方向跑，起跑第一步的动作与弯道蹲踞式起跑相同。

2. 4×100米接力跑

（1）起跑。第一棒传棒人以右手握棒，采用蹲踞式起跑，按规则规定接力棒不得触及起跑线和起跑线前的地面。接力跑起跑技术和短跑起跑技术相同，但是接力跑在握棒方法上有三种不同的情况（以右手持棒为例）。① 右手的食指握住棒的后部，拇指与其他三指分开撑地；② 右手的中指、无名指握住棒的后部，拇指、食指和小指成三角撑地；③ 右手的中指、无名指和小指握住捧的后部，拇指和食指分开撑地。

（2）传、接棒方法。接力跑的传、接棒方法有上挑式、下压式和混合式。

① 上挑式。接棒人听到信号时，接棒手臂自然向后伸出，手臂与躯干成40～50度，掌心向后，拇指与其他四指自然张开，虎口朝下，传棒人将棒向前上方送入接棒人的手中。这种传棒方法的优点是：接棒人向后下方伸手臂的动作比较自然，传棒人传棒动作也比较自然，容易掌握；其缺点是：接棒后，手已握在接力棒的中部或前部，使后几棒运动员在传、接棒时抓棒前端空间越来越少，致使持棒运动员必须在跑进中调整手与棒的接触部位。因此，这种方法容易造成掉棒并影响快速前进。

② 下压式。接棒队员听到信号时，接棒人的手臂向后伸，手臂与躯干成50～60度，手腕内旋，掌心向上，拇指与其他四指自然张开，虎口朝后，传棒人将棒的前端由下向上"压送"到接棒人手中。

这种传棒方法的优点是不易掉棒，其缺点就是接棒人手腕动作比较紧张且不自然。

③ 混合式。运动员采用传、接棒技术要根据实际情况因人而异，在传、接棒时双方要达到默契、精确、保险、快速。跑第一棒队员用右手握棒起跑，沿跑道内侧跑，用"上挑式"将棒传给第二棒队员的左手，第二棒队员接棒后沿跑道外侧跑，用"下压式"将棒给第三棒队员的右手，第三棒沿弯道内侧跑用"上挑式"将棒传给第四棒队友的左手，第四棒接棒后一直跑过终点。这种方法综合了"上挑式"和"下压式"的优点。

无论运动员采用哪一种传、接棒方法，第一、三棒运动员均应用右手持棒，沿各自分道中线内侧跑进，将接力棒传给第二、四棒运动员的左手。第二棒运动员左手接棒后，沿各自分道中线外侧跑进，将接力棒传给第三棒运动员的右手。第四棒运动员左手接棒后，沿各自分道中线外侧跑到终点。

（3）传、接棒的时机。接棒队员站在预跑区内或接力区后端，待看到传棒人跑到标志线时便迅速起跑，当传棒人跑到接力区内，离接棒人15米左右时，要立即向接棒人发出"嗨"或"接"的传、接棒信号，接棒人听到信号后迅速向后伸手接棒。传棒人完成传棒动作后逐渐减低跑速，待其他道的运动员跑过后离开跑道。

（4）传、接棒的位置。传、接棒的位置可以通过调整接棒运动员的起动标志线（当传棒运动员跑到此标志线时，接棒人开始起跑）来确定。为保证传、接棒动作能在快速奔跑中完成，要准确地确定标志线，标志线是根据传、接棒人的跑速和传、接棒人技术的熟练程度而定。接力跑运动员应该在反复练习中确定传、接棒的最佳位置和接捧运动员的起动标志线。

（5）一个接力区传、接棒技术全过程的各个阶段动作。该技术动作阶段主要是指从传、接棒运动员进入接力区预跑前的标志点起到接棒运动员起动至两个人跑进接力区后半段，完成传、接棒动作为止的动作过程。它可以分为预跑阶段、相对稳定高速阶段和传、接棒阶段，其中以传、接棒过程最为重要。传、接棒阶段是指传、接棒运动员各自以不同的速度进入接力区,并不断缩短两人之间的距离,直到传棒运动员将棒安全、平稳、准确、顺利地传递到接棒运动员手中的过程。这个阶段又可细分为最靠拢阶段、信号阶段、伸臂阶段、瞄准阶段和交接阶段。

(6)接力跑运动员棒次安排原则。4×100米接力跑全程由4名运动员共同完成,因此,应考虑各棒次对运动员的不同要求安排运动员棒次,尽量发挥每位运动员的特长。一般第一棒应安排起跑技术好并善于跑弯道的运动员;第二棒应安排专项耐力好并善于传、接棒的队员;第三棒应安排专项耐力好并善于传、接棒和跑弯道的运动员;第四棒应安排短跑成绩最好,冲刺跑能力强的运动员。

3. 4×400米接力跑

4×400米接力跑的传、接棒技术相对比较简单。但是,由于传棒人在跑近接力区时的跑速已经明显下降,故接棒人应十分注意接棒技术。当传棒人跑近时,接棒人要在慢加速跑中目视传棒人,顺其跑速主动接棒,随后快速跑出。

4×400米接力跑全部的交、接棒过程,一般在20米接力区的前半段或接力区的中间区域内完成。传棒人将棒传出后,应从侧面退出跑道,避免影响其他接棒运动员的跑进。4×400米接力跑,多采用右手上挑式传递接力棒,但是要注意传、接棒的换手方法。具体来说,主要有以下两种方法:第一种方法是第一棒运动员用右手传棒给第二棒运动员左手,第二棒运动员接棒后换到右手传棒给第三棒运动员左手,第三棒运动员接棒后换到右手传棒给第四棒运动员左手。将棒从左手换到右手一般在跑完第二个弯道进入直道时完成。第二种方法是右手接棒后,立即换到左手,始终是左手传棒,右手接棒。

四、跨栏跑基本技术

(一)男子110米跨栏跑技术

1. 起跑至第一栏的技术

男子110米栏,从起跑至第一栏的距离为13.72米。最好建立起跑优势，第一时间跑至第一栏在跨栏技术中占有重要的地位。因此，这一阶段要保证以下三点。

第一，起跑至第一栏一般用8步跑完，也有跑7步和9步的，因人而定。凡用双数步跑完这段距离的，安装起跑器时应将起跨腿一侧起跑器摆放在前面（即起跨腿的脚放在前起跑器上），用单数步跑完这段距离的则相反。为了准确地踏跨在起跨点上，根据需要，可将起跑器在起跑线后稍向前或向后安装。

第二，"预备"动作时，臀部抬起明显高于肩部，这是为了起跑后前几步取得较大的步长。当运动员听到枪声后，起动反应要快，蹬离起跑器的动作要快，尽快地迈出第一步进入加速跑。与短跑加速跑阶段相比，跨栏跑加速跑各步后蹬角度稍大，身体重心位置稍高，身体与地面的夹角稍大，其目的在于促使起跑后步长能较快地增加。一般跑到起跨点前两步时，上体已抬到正常跑的姿势。

第三，上好第一栏，应特别注意加速跑步幅的稳定、准确和节奏。一般从第2步开始，每步增加15～20厘米。最后一步为了使身体重心迅速通过支撑点上方而转入起跨攻栏，做一个"短步"，即比前一步短15～20厘米。

2.跨栏步技术

跨栏步是从起跨腿的脚踏上起跨点开始到摆动腿的脚过栏后着地为止。其主要任务是在越过栏架高度的前提下，尽量减小起跨时的垂直速度，取得较大的腾空初速度和较低的身体重心抛物线轨迹，尽快地越过栏架。跨栏步技术包括起跨攻栏和腾空过栏两个过程。

（1）起跨攻栏。起跨攻栏是指起跨脚踏上起跨点到起跨腿后蹬结束离地瞬间。起跨攻栏主要分为以下三个步骤。

第一，起跨攻栏时，要确定好起跨点。如果起跨点离栏架过远，必然造成上栏困难或跨栏步过大，延长过栏腾空时间。反之则会加大起跨腾起角度，形成跳栏动作，同样延长了过栏腾空时间。职业运动员的起跨点一般控制距离为2.00～2.20米。

第二，起跨着地快，蹬地快，起跨前一步，步长应缩短15～20

厘米。起跨腿（通常是有力腿）用前脚掌在靠近身体重心投影点附近的起跨点迅速着地起跨。起跨前这一步适当缩短，不仅有助于起跨时身体重心处于较高的位置，减少起跨时对垂直速度的要求，而且能使身体重心尽快地通过支撑点上方，迅速转入攻栏动作。当身体重心通过支撑点上方转入攻栏后，起跨腿要迅速伸展髋、膝、踝这3个关节，同时髋部要前送，上体稍前倾，摆动腿异侧臂也前伸，使身体重心有较大距离的前移以形成适宜的起跨蹬地角，一般以65～70度为宜。

第三，上栏攻摆快，当起跨腿着地时，摆动腿由体后屈膝前摆动。当进入攻栏时，摆动腿大、小腿继续折叠向前上方高摆。这个摆动腿的折叠和向前上方高摆动作，由于缩短了摆动半径，加快了腿的摆动速度，从而能提高起跨攻栏的效果。整个动作要显得自然、流畅，当结束起跨攻栏动作时，起跨腿的髋、膝、踝3个关节要保持伸直状态，头部、躯干和起跨腿基本上成一条直线。

（2）腾空过栏。腾空过栏主要分为以下三个过程。

腾空时：身体重心沿着起跨攻栏所形成的腾空轨迹向前运动。由于腾空后不能改变身体重心的位移速度和运行轨迹，因此腾空过栏时，只能依靠加快摆动腿和起跨腿以及上肢的协调配合，使人体迅速跨过栏架而快速着地。

过栏前半部分：起跨腿蹬离地面后，摆动腿小腿迅速前伸，当摆动腿脚跟接近栏板时，摆动腿几乎伸直。与此同时，上体迅速前倾，使胸部贴近摆动腿的大腿；摆动腿异侧臂完成带动肩部积极向前的动作，形成肩横轴与髋横轴交叉扭转状态，以维持身体平衡。此时，起跨腿仍留在身体后面，并与在栏前的摆动腿形成一个大幅度的分腿动作。这个大幅度的分腿动作，能使摆动腿和起跨腿的肌肉得到预先拉长，从而为下栏时两腿快速的剪绞动作创造良好的条件。

过栏后半部分：摆动腿脚掌越过栏板后，随之开始做积极的下压动作。此时起跨腿屈膝外展并经体侧迅速向前提拉。起跨腿向前提拉时，小腿收紧使脚跟接近臀部，膝高于踝，脚尖稍向上翘，并与摆动腿的下压形成协调有力的剪绞动作。与此同时，摆动腿异侧臂配合下肢动作向侧后方做有力的划摆，到接近体侧下方时屈肘收回，另一臂则向前摆出，以维持身体平衡。由于摆动腿积极下压，必然使上体适度抬起。当摆动腿前脚掌着地时，膝关节是伸直的，踝关节进行缓冲，这样能使身体重心处于较高的位置。摆动腿着地时，上体仍保持一定的前倾。随着起跨腿大幅度地向前做提拉动作，使身体重心迅速移动过支撑点。到此，跨栏动作就基本结束。

3. 栏间跑技术

栏间跑是指下栏着地点到下一栏起跨点之间的跑动过程。栏间跑技术与短跑途中跑有所不同，它是为了在规定的距离内以固定的步数跑完，并且为过栏做好准备。栏间跑的特点是重心高，频率快，节奏强，栏间三步步长的比例是小、大、中，具体分析如下。

栏间第一步：栏间第一步应与下栏动作紧密相连。摆动腿在下栏着地时膝关节几乎伸直，参加后蹬用力的伸肌群已处于充分拉长状态，与此同时起跨腿经过外展提拉，放脚落地。摆动腿与起跨腿这种不同于短跑的交叉步动作，减小了抬腿速度和后蹬力量，所以步长是三步中最小的。为使跨跑动作紧密衔接，在下栏着地时要通过利用支撑腿踝关节及脚掌力量充分后蹬，起跨腿快速带动髋向前提拉和两臂前后用力摆动来加以补偿。优秀运动员这一步步长可达165厘米以上，后蹬角度60度左右。

栏间第二步：栏间第二步是快速跑进的关键。由于基本恢复了正常跑步动作，故这一步力量强、速度快、抬腿高，步长约为2.10米，是栏间跑最大的一步。

栏间第三步：栏间第三步与起跨攻栏相连，是栏间跑速度最快的一步。由于在快速跑进的同时要为起跨做好充分准备，故第三步抬腿不高、放脚快且靠近身体重心投影点，出现了比第一步大、比第二步小的居中步长。

4. 终点跑技术

终点跑是指运动员在跨过最后一个栏的着地点到终点这一段距

离的跑。由于着地后不受步点的限制，所以最后一个栏摆动腿应该更加积极地下压。起跨腿一过栏架即可向前摆出，以最快的速度向终点冲刺。

（二）女子100米跨栏跑技术

在动作结构上，女子100米栏与男子110米栏在动作结构上基本相同。全程设有10个栏架，一般用49～50步跑完。全程跑跨衔接紧密，动作协调自然，身体重心波动差小，更接近平跑。由于栏高和栏距的差异，使100米栏的技术与110米栏有不同之处。具体表现在以下几个方面。

（1）"预备"时，臀部不能抬得像男子110米栏那样高，前五六步身体姿势和蹬地摆腿动作同110米栏起跑基本相同。在最后一步时，上体基本直立准备起跨攻栏，步长比前一步缩短10～15厘米。

（2）起跨时前脚掌着地，髋、膝、踝关节缓冲不大，保持高重心并积极前移。攻栏更积极，起跨角度60～65度。起跨点与栏架之间的距离为1.90～2.10米。

（3）躯干在上栏时没有明显的前倾和下压动作，过栏时身体重心运动轨迹起伏不大，跨栏步长为3.00～3.10米。下栏着地点距离为1.00～1.20米。

（三）男/女400米跨栏跑技术

男/女400米跨栏跑技术与110米跨栏技术相似，但由于栏间距离较长，栏架高度不同，有些栏架设置在弯道上。因此，其动作与110米栏略有差别。起跑至第一栏步数与栏间跑步数有关，起跑至第一栏与栏间跑步数分别为15步和22步；或14步和21步；或13步和20步。

（1）男子过栏技术。过栏技术要求介于110米栏和女子400米栏之间。

（2）女子过栏技术。由于栏架低，因此起跨后蹬力量、上体前倾角度、摆臂幅度和起跨腿的提拉速度都较其他跨栏项目小，跑跨自然连贯，接近"跑栏"技术。

（3）栏间跑技术。栏间跑技术步数固定、步长准确，节奏感强。栏间跑步长需要良好的肌肉力量，而且要有空间定向能力以精准地确定起跨点。栏间跑除去起跨攻栏、下栏落地的距离，实跑距离约为32.7米，男子一般跑13～15步，女子跑15～17步。

（4）跨弯道栏技术。男/女400米栏有5个栏在弯道上。跨弯道栏时，右腿起跨可以利用向心力顺利过栏而不失去平衡，比左腿起跨有利，但必须注意避免过栏时犯规。

第三节 跳类项目基本技术

跳类项目主要有跳高、撑杆跳、跳远、三级跳远等运动项目，本节主要就几个主要项目的基本技术进行简单介绍。

一、跳高基本技术

跳高运动项目一般采用投跨越式、俯卧式和背越式三种技术。以下将以背越式跳高为例，分析跳高的基本技术动作。背越式跳高技术由助跑、起跳、过杆与落地四个部分组成。

1. 助跑

在进行跳高运动时，运动员首先要根据自身特点确定好助跑的弧线，从而为达到最大起跳效果创造有利条件。初学者一般都采用"走步式丈量法"来确定助跑弧线。

先确定起跳点。起跳点位置即离近侧跳高架立柱1米、离横杆垂直向下投影点50～80厘米处。由起跳点沿横杆的平行方向向前自然步走5步，再向右（右脚起跳则向左）转成直角，向前自然步走6步做一标记，再向前走7步画一起跑点。由标记向起跳点画一弧线连接，即后4步的助跑弧线，前段为直线，也跑4步，全程共跑8步。

助跑弧线直接影响助跑速度的发挥和起跳的效果，甚至影响过杆技术的顺利完成。因此，运动员必须根据自己的具体情况来确定适当的助跑弧线，经过反复实践和反复调整，将其固定下来，用皮尺丈量数据，以便今后使用。

助跑分为两段，即直线段与弧线段。直线段的助跑应与普通的加速跑相似，先是以较快的速度跑，然后是弧线段助跑，身体应向圆心倾斜，随着跑速愈快，倾斜度应愈大，前脚掌沿弧线落地。这种助跑方式的特点是身体重心高、步频快，小腿伸得不远，落地更为积极。这样便于保持较大的水平速度，有利于做快速有力的起跳动作，增加起跳的效果。

助跑全程要求快速、准确、自然、放松。跑的过程中应注意高抬膝关节。最后一步一般比倒数第二步短10～20厘米。

2.起跳

起跳是将助跑时所获得的水平速度转变为垂直速度，以达到使身体腾空的目的。起跳要求和助跑的最后几步要衔接紧凑。起跳的动作可分为起跳、脚地缓冲和蹬伸三个阶段。

起跳的任务是通过一系列的起跳动作，使身体获得最大的垂直速度和适宜的起跳角度，使身体顺利地越过横杆。背越式跳高的起跳点一般为距离横杆的垂直面60～100厘米处。起跳动作是通过起跳腿蹬伸和摆动腿的屈腿摆动同时作用来实现的，这个过程是起跳腿自弯曲开始蹬伸，与此同时摆动腿屈膝向前上方摆动，以髋发力带动摆动大腿，摆动腿小腿顺惯性与大腿折叠（形成屈腿摆动），当膝部摆至水平部位时应立即制动，但仍随惯性上摆带动同侧髋上摆。与起跳腿、摆动腿相协同的两臂与肩部也需要完成一系列动作，同时还要求肩部上提，两臂同时或采用单臂交叉的动作向横杆后上方摆出，帮助整个身体向上腾越，并且为整个身体沿额状轴旋转创造前提条件。

起跳时，起跳腿的髋、膝、踝关节必须充分伸直，这是直立腾起的关键所在，同时身体应尽量与地面保持垂直，使身体转为水平姿势的动作不是靠双肩倒向横杆所形成的，而是因骨盆比肩更迅速地上升的结果。

3. 过杆与落地

身体在起跳腾空后仍继续保持向上腾起的姿势。当摆动腿过杆时，上体前倾，脚尖内转下压。摆动腿过杆后，继续内转下压，同时起跳腿外旋上提，膝盖靠近胸部，小腿自然上摆与横杆平行。接着，上体开始抬起，摆动腿同侧肩也随着摆动腿的内转下压动作而向起跳腿方向扭转，两臂也向上抬起。这时，身体是沿纵轴旋转，以使上体和臀部能迅速过杆。起跳腿随着摆动腿的下压而抬高并绕过横杆后，摆动腿和起跳腿依次落入沙坑或海绵包、垫子上，并做屈膝缓冲。在两腿跨越横杆时，两臂下垂；起跳腿越过横杆后，两臂应上举，维持好身体的平衡。

在背越式跳高技术学习时，重点应放在起跳技术上，要注意助跑与起跳相结合。

二、撑竿跳高的基本技术

撑竿跳高技术可分为持竿助跑、撑竿起上升、越竿下落三个过程。

1. 持竿助跑

持竿助跑时，动作应放松，步子要富有弹性。助跑的最后阶段竿头下降时，要充分利用撑竿的前翻拉力，将其转变为牵引力，以加快助跑节奏。助跑的最后，应当尽量将大腿高抬，并做快速扒地式的着地动作，在步长保持不变的情况下加快步频，助跑节奏明显加快，并维持身体平衡。以肩为轴，两臂上、下轻松自然地颤动，两臂要配合助跑节奏，要保持竿子的稳定性。上体要保持正直，应具有稳定的节奏，以保证起跳点的准确性。

2. 撑竿起上升

撑竿起上升是非常关键的步骤，它决定着运动员是否能取得好的成绩，其技术含量也非常高。首先在高速跑进中，尽量按顺序完成降竿、举竿、插穴等动作。应将助跑所获得的水平速度，通过快速有力的起跳，最大限度地转化为竖竿和摆体的动作；同时还要求举竿及时，送竿积极，起跳蹬伸快速、有力，要将起跳的力量作用于撑竿上。为了加快起跳的速度，提高起跳效果，在助跑最后一步起跳腿前摆时，应注意小腿和大腿的折叠。大腿应积极下压，以全脚掌紧张地由上向下积极着地，达到快速起跳的目的。起跳竿与踏跳同步进行，通过双手举竿和起跳腿蹬地的协调配合，使身体充分伸展，以保证人体向正前方做平稳而快速的摆动动作。

竿上悬垂时应充分伸展，拉长体前肌群，使肩、胸、髋向前，形成最大背弓，并使起跳腿滞留在体后。身体充分伸展，短暂地保持起跳时的反弓姿势。胸部靠拢撑竿。摆动腿下垂靠近起跳腿，右臂伸直，左臂自然微屈，人体借助撑竿的支撑，向前上方大幅度摆动。"长摆"结束时屈膝屈髋要积极，要敢于仰头，身体后倒；短摆时要尽量缩短摆动半径，身体后翻方向和撑竿反弹方向趋于一致并向上。向身后翻时身体要收紧，向后上方伸举腿；右臂不要过早屈肘拉臂。

3.越竿下落

当撑竿接近垂直时，身体开始做引体和转体动作，并且引体与转体几乎同时进行。双臂开始向竿子的纵轴方向做拉引动作，髋部置于手握竿的位置并开始向左转体，转体时，两腿靠拢，膝伸直，髋部靠近竿子。整个拉引、转体动作要靠近撑竿，拉引动作要平稳、顺势、迅速，转体转入支撑动作应平稳，不要突然过于猛烈而影响竿子的伸直速度。推竿时应尽可能以垂直状进入支撑，充分利用拉引和竿子伸展后剩余的能量，快速而平稳地将身体向上推起。做整个动作的过程中，两大腿均要保持并拢和伸直的状态。

推竿动作完成后，以短促的动作向横杆后面压腿，低头含胸，身体成弯弓姿势，绕额状轴转动并继续腾起。推竿时尽可能以垂直状态进入支撑，快速而平稳地把身体向上推起。推竿后，应保持两腿伸直向上姿势，当大腿越过横杆时，两腿下压，使人体绕额状轴转动，随着转动做低头、含胸、收腹顺势抬臂，团身举腿，以背部着垫。

三、跳远基本技术

跳远是一种克服水平障碍的跳跃类项目，跳远的完整技术是由助跑、起跳、腾空和落地等动作组成。运动员沿直线运动，在起跳板前沿线后用单足起跳，经腾空阶段，然后用双足在沙坑落地。

1. 助跑

在跳远技术中，助跑速度与跳远成绩有着密切的关系。跳远的助跑要在保证较高助跑速度的同时，与起跳点的完美结合。

（1）助跑的方法。助跑的方法与助跑起动的方式、助跑加速的方式有关。以下对这两个方式进行详细分析。

① 助跑起动的方式。助跑的稳定性与准确性会受到助跑起动方式的直接影响。助跑的起动方式有两种：一种是从静止状态开始，一般采用两腿微曲、两足左右平行站立的"半蹲式"，或两腿前后分立的"站立式"起动姿势；另一种是走几步或走跳步结合踩上第一个标志点，行进间开始的起动。第一种助跑的起动方式，前三步的步幅和速度变化较小，有利于提高助跑的准确性。第二种助跑的起动方式，助跑比较自然，动作比较放松。但由于是动态，每次踩上标志的位置和速度不易控制，对准确踏板提出了更高的要求。

② 助跑加速的方式。助跑加速的两种主要方式是积极加速和逐渐加速。积极加速方式是指助跑一开始就跑得很积极，步频始终保持在较高水平上，这种加速方式能较早地获得较高的助跑速度；其特点是开始几步的步长较短，步频较快，上体前倾也较大；积极助跑加速方式适合于绝对速度较快的运动员，但因助跑动作紧张，起跳的准确性差，所以一流的运动员很少采用这种方法。逐渐加速方式一般是在加大步长或保持步长的基础上提高步频，这种加速时间较长，加速过程比较均匀平稳。因此，跑的动作比较轻松、自然，起跳的准确性较好，试跳成绩也较稳定。

无论是积极加速还是逐渐加速，都必须在助跑最后的4～6步达到本人的最高助跑速度。在助跑最后10米中，能否达到并保持最高跑速进入起跳是助跑技术的关键。跳远的成绩与此有密切关系。

（2）助跑节奏。助跑节奏是指跳远运动员运用最高速度、快速合理地进入起跳的方法。在跳跃过程中可以发现，助跑速度的增加与运动员的起跳力量成正比。测试表明，助跑速度每增加0.2米/秒或起跳扇形角每增加10度，都要求运动员增加2%的起跳力量。倘若起跳力量的发展不能适应助跑速度的要求，就会出现起跳达不到最佳的腾起角度，从而影响跳远成绩。助跑速度的利用率是指运动员在助跑过程中对自身最高速度的使用水平，可用助跑速度与平跑中的最高速度比值来表示。助跑速度的利用率是提高跳远水平的重要因素之一。随着跳远技术的发展，美国学者提出了助跑速度的利用率可达到99%的新观点。

（3）助跑的距离。在跳远运动中，为了保证助跑任务的顺利完成，应确定合理的助跑距离。助跑距离过长或过短，都不利于助跑速度的发挥与利用，影响起跳的效果。一般来说，运动员加速能力和加速方式是决定助跑距离长短的主要因素。研究表明，30米和100米跑的成绩，是确定运动员助跑距离的指标之一。

除以上决定跳远助跑距离的因素外，跳远的助跑距离还需要根据比赛时外界条件的变化以及运动员的身体状况进行相应的调整，因此跳远助跑距离并不是固定不变的。

（4）跳远助跑最后几步的技术。对于助跑技术来说，跳远最后几步（6～8步）助跑是整个助跑技术的关键。在最后几步助跑中，既要保持高速度，又要做好起跳准备。这是一个难度较大的技术环节，因此，运动员的技术风格和特点，往往体现在这一阶段。最后6～8步的助跑技术，主要表现为两种技术特征，一种是最后几步的步长相对缩短，步频明显加快，形成一种快速进入起跳的助跑技术节奏；另一种是在步长相对稳定的情况下，加快步频，形成快速上板的助跑技术特征（步长没有明显的变化）。如今，世界一流的运动员普遍采用第二种跑法。这种最后几步呈加速状态的助跑技术，使助跑与起跳的衔接更加紧密。

在完成最后几步助跑时，应注意以下几点。

① 强调保持跑的动作结构，保持高速度，而不要过多地强调起跳前的准备动作。因为后者会导致跑的动作结构改变和跑速下降。采用制动较大的起跳方式，必然会使最后几步助跑的动作结构发生较大改变，从而导致速度下降。起跳前不应在动作形式上出现明显变化，保持跳远助跑的动作结构，是现代跳远技术的一大特征。

② 强调保持较高的身体重心，而非起跳前的身体重心下降。起跳前出现身体重心下降是由跑转入跳的一种自然形式，是"无意识"的。

③ 强调最后几步的动作节奏，尤其是最后3步。一般最后3步步长的比例为中、大、小（倒数第三步中等；倒数第二步大；倒数第一步小）。然而，这种步长之间的比例关系是人体用力的自然表现形式。如果要求运动员有意识地去做，势必会造成后几步的动作僵硬和变形。实践表明，优秀运动员助跑最后几步的步长，与运动员的身体机能和技术特点有密切关系，并存在明显的个体差异。所以，运动员不需要去模仿他人，而应根据自身的特点确定适合自己的最后几步步长。

在助跑的最后几步，运动员要保证技术的完美发挥，还需要有正确的心态。国外曾有人做过心理定向试验，当要求运动员以"跑过起跳板"的感觉进行助跑和跳远时，最后几步助跑的速度达到了最高点，与起跳的衔接更加紧密。而带着"强有力的起跳"心理完成跳远时，最后几步助跑中容易出现动作僵硬、减速、身体重心过低和左右偏斜问题。因此，在教学训练中，特别是对初学者，建立正确的跳跃心理定向，强调"跑过起跳板"的心理感觉去完成动作，有助于最后几步助跑速度的发挥，有助于助跑与起跳的紧密结合。

（5）助跑的标志。助跑标志的正确设置，不仅可以稳定步长、形成较好的助跑节奏，还可以提高运动员准确踏板的信心。对初学者和年轻运动员而言，利用助跑中的标志训练助跑速度、节奏和准确性是大有裨益的。而对于水平较高的运动员，则最好不用标志，因为设置的标志毕竟会分散运动员的注意力，从而影响水平速度的发挥。一般情况下，运动员可设两个标志。第一标志设在起跑线上，第二标志设在距起跳板6～8步处。标志的正确设置应该做到以下两点：一是标志清晰可见，二是标志应设置在合理位置，不能分散运动员的注意力，否则容易破坏助跑的连贯性，导致助跑速度下降。第二标志主要是用来检查助跑的准确性，提示后几步的加速节奏。在实践中不应为了适应助跑标志而破坏自己快速助跑的节奏，否则就失去了设立标志的意义。最后，助跑的标志应该随着运动员运动素质和技术的不同而做出相应的调整。

掌握正确的助跑方法是准确踏上起跳板的基础。因此，要做到以下两点：第一，固定起动姿势、前三步步长与加速方式。起跑后前三步的步幅和节奏对助跑的稳定性和准确性至关重要，应准确把握。第二，要有一个相对固定的助跑距离，对已经确定了的助跑距离要根据变化的外界条件，如风向、气温、助跑道质量、比赛时间及自身的身体状态，反复多次地进行全程助跑的检查和调整，以适应准确踏板的要求。

2. 起跳

起跳是改变人体运动方向的主要技术环节，主要任务是在尽量减少水平速度损失的情况下，获得必要的垂直速度，改变身体重心的运动轨迹，创造适宜的腾起角，身体重心的腾起初速度越大，越有可能跳出好成绩。优秀运动员在整个跳远过程中，腾起初速度可达9.2～9.6米/秒，身体重心腾起角18～24度，腾起高度可达50～70厘米。

起跳动作要求连贯、流畅，最好是一气呵成。起跳动作包括起跳脚着板、弯曲缓冲和蹬伸三个过程。

（1）起跳脚着板瞬间。起跳脚着地时，起跳腿几乎伸直，与助跑道成60～70度，用脚跟先触及地面并迅速滚动到全脚掌着地。上体保持正直的姿势，眼睛注视着前上方。在起跳脚着地前，摆动腿已经开始折叠并迅速前摆跟上起跳腿。在起跳脚着板瞬间，两臂摆动到靠近躯干两侧。

（2）弯曲缓冲。在起跳脚着地的瞬间，由于助跑的惯性和身体重力的作用，对起跳腿产生了很大的压力，迫使起跳腿的髋、膝、踝三关节很快地弯曲缓冲。膝关节角一般成140～150度。在起跳腿弯曲缓冲过程中，髋部迅速前移，并带动摆动腿积极折叠前摆。两臂配合腿的动作继续摆动，起跳腿同侧臂自体后向前摆动，异侧臂自体前向后摆。上体保持较直的姿势，使身体重心处于相对较高的位置。

（3）蹬伸。当身体重心及时而准确地移压到起跳腿上时，起跳腿就快速用力蹬地，充分蹬直髋、膝、踝三关节，同时摆动腿以髋发力带动大小腿成折叠状，以膝领先，快速而协调地向前上方摆动。两臂协调一致地配合腿的动作向前上方摆动，摆至上臂与肩平时，要有意识地做"突停"。这样不仅能起维持平衡的作用，而且能减小起跳腿的压力，增加起跳腾起的速度。蹬伸动作结束时，起跳腿髋、膝、踝三关节充分蹬伸，蹬地角约75度，摆动腿大腿接近抬平，小腿自然下垂，上体和头部保持正直，两臂摆出体侧上方。整个蹬伸动作应做到快速积极和充分有力。一般腾起角在18～24度，腾起初速度可达9.2～9.6米/秒，起跳时间为0.1～0.13秒。

3.腾空

腾空的主要技术体现在"腾空步"上，它是指当运动员起跳腾空后，摆动腿进行屈膝前摆，摆至大腿接近水平位置，起跳腿自然放在身体后面，这一起跳结束时身体姿势在空中的延续过程。

"腾空步"以后的空中姿势主要包括蹲踞式、走步式和挺身式三种。

（1）蹲踞式。"蹲踞式"跳远时，运动员在空中保持腾空步的时间较长。摆动腿抬得较高，膝关节的屈度较大，两大腿之间的夹角也较大。腾空步后，起跳腿向摆动腿靠拢，然后两腿一起上举，使膝接近胸部。此时，躯干不应过分向前，在距落地点0.5米时，双腿几乎完全伸直，两臂继续向前下划，这种补偿动作有助于在落地前更好地前伸小腿和保持稳定性。

"蹲踞式"最大的不足之处是起跳后向前旋转的力矩较大，由于屈腿和上体前倾，下肢靠近身体重心，旋转半径减小，增加了角速度和旋转力矩，易产生前旋，迫使腿过早下放。因此，"蹲踞式"跳远时，要特别强调上体与头部保持正直姿势，以维持身体的平衡。

蹲踞式跳远虽然简单易学，但由于身体在空中呈团身状态，容易产生前旋，且由于近落地的这一阶段躯干前倾过大，会妨碍两腿充分前伸，从而影响成绩。

（2）走步式。走步式跳远是指在腾空阶段完成走步的动作，因而难度较大。当起跳动作完成后，身体呈现"腾空步"，处在身体前方的摆动腿应以髋为轴，用大腿带动小腿向下、向后方摆动，同时处在身体后方的起跳腿则以髋关节为轴，大腿向上抬摆，并且屈膝带动小腿前伸，完成两条腿在空中的交换动作，两臂也要配合两腿的换步进行绕环，起到维持身体平衡的作用。

当完成空中换步之后，摆动腿仍需要从体后屈膝前摆，与处在体前的起跳腿并拢，再在空中走半步。整个过程是两腿在空中进行"两步半"的走步。即从腾空步开始，摆动腿下放是第一步；起跳腿从体后摆至体前，两腿在空中换步是第二步；最后摆动腿从后向前提拉与起跳腿靠拢是半步。总起来，相当于在空中走了两步半。

要在空中完成如此复杂的动作，就需要有较强的协调能力和维持身体平衡的能力，两腿的空中换步必须有两臂的配合，因此两臂在空中大幅度地绕环与两腿相配合是十分重要的。很多优秀的运动员选择这种空中姿势。

（3）挺身式。挺身式跳远的空中姿势比较舒展。完成挺身式空中动作，也是继起跳后的腾空步之后实现的。当起跳呈腾空步之后，处在体前的摆动腿伸展弯曲的膝关节，摆动腿小腿随之向前、向下、向后呈弧形划动，两臂也随之向下、向后再向前进行大幅度地划动；与此同时，处在身体后面的起跳腿与正在向后划动的摆动腿靠拢，挺身、屈髋、头稍后仰，充分拉开躯干前面的肌肉，整个身体充分展开呈挺身姿势。

当身体即将落地时,两臂向后摆动,躯干前倾,两腿迅速收腹举腿,小腿尽量向前伸出,用足跟落地。这种挺身式的空中技术能使身体充分伸展。由于躯体前面肌肉充分拉开,为落地前的收腹举腿和小腿的充分前伸做了很好的准备,对取得较好成绩创造了条件。挺身式跳远空中动作的难度在于维持身体平衡,因此要经常训练身体的协调和平衡能力。

4. 落地

落地的任务是创造尽可能远的跳跃距离,并且防止伤害事故的发生。因此,选择一个适合自己的落地技术,可以更加充分地利用身体重心腾起的远度,取得更好的成绩。

落地的技术有两种,即折叠式落地法和滑坐式落地法。折叠式落地法是指运动员在腾空阶段经过最高点后,开始将两腿向上、向前伸出,上体向下折叠,两臂从上面向前并在落地前向后快摆。采用蹲踞式和挺身式的运动员多采用这种落地技术。滑坐式落地法是指在腾空最高点就开始折叠动作。及早做折叠动作,不会影响和改变腾空路线,到最后把腿及骨盆前移,上体稍后仰,落地时如同坐着一般。一般情况下,滑坐式要优于折叠式。有人对同一运动员用两种方法进行实验,结果滑坐式落地比折叠式落地远 20～30 厘米。研究表明,滑坐式动作的身体重心相对后移,所得效益远远大于折叠式动作。

四、三级跳远基本技术

三级跳远指运动员经过助跑之后,沿着直线连续进行三次水平跳跃。在高速助跑的情况下,运动员要完成三次身体运动方向的改变和一系列与之相适应的技术动作,因此是田径运动中技术比较复杂的项目之一。

1. 助跑技术

助跑是运动员起动后经过一段距离的奔跑踏上起跳板的过程。助跑的任务是使运动员获得较快的水平速度,并为起跳做好准备。

三级跳助跑不同于跳远助跑，它需要在助跑中获得较大的向前水平速度，从而完成沿直线的三次不间断跳跃。通常优秀的运动员的助跑距离为40～45米，初学者需要35米左右的助跑。由于三级跳还需要在助跑阶段获得较快的水平速度，因此助跑一开始就要尽可能快地获得较大的向前速度。为此，开始助跑时躯干可以保持较大的前倾，两腿的蹬、摆积极有力，两臂有力地积极摆动，两脚着地要富有弹性。当获得一定跑速后，为了快速、准确地踏上起跳板，需要尽快使步长稳定；保持身体重心的稳定，防止过大的重心起伏，而且应尽量跑在一条直线上。

（1）起动方式。三级跳远的起动主要有两种方式，即前进过程中的起动方式与静止状态的起动方式。运动员不论采用哪种起动方式开始助跑，都应根据个人特点和习惯而定。下面分别对两种方式进行介绍。① 前进过程中的起动。一般采用走几步或慢跑几步或垫步等方式起动，踏上助跑标记后开始助跑。助跑时易紧张的人可采用行进状态起动。② 静止状态的起动。一般采用"半蹲式"或"站立式"的静止状态开始助跑。助跑准确性差的人应尽量采用静止状态起动。

（2）助跑的距离和步数。助跑的距离和步数相互制约、相互影响，不可分开讨论。运动员的训练水平、个体差异、速度水平、加速能力、加速方式以及起跳能力等直接决定着助跑的距离与步数。因此，在运动员进行助跑时要注意以下几点。① 训练水平低者，助跑距离和步数要少，而随着水平的提高，助跑距离可逐渐加长，步数也应增加。通常情况下，男子运动员助跑距离较女子运动员要长些，步数也多些。② 采用积极加速方式助跑的运动员，其助跑距离比较短，而采用逐渐加速方式助跑的运动员其助跑距离会长些。③ 速度水平低的运动员一般跑的能力也比较差，助跑距离可适当短些。而速度水平较高，跑的能力也高，助跑距离应长些，助跑步数应多些。加速能力强的运动员，助跑距离可短些。起跳能力强的运动员，在高速助跑中能准确地完成起跳，获得更好起跳效果，其助跑距离可长些。需要指出的是，正处于生长发育期的青少年，由于身体素质和专项技术不完善，其助跑的步数一般是12～14步，随着年龄的增长和各项素质的提升，助跑步数也应随之增加。

（3）步点的测定。助跑步点的测定有走步丈量法和跑步丈量法两种。① 走步丈量法。根据全程助跑的步数每走两步算作一步，比如采用12步助跑的运动员，丈量步点时就走24步。当丈量完步点后反复试跑几次，并进行适当调整。② 跑步丈量法。在跑道上起跑反复做加速跑，找出从起跑线到自己所确定的助跑步数脚印的相对集中点，用皮尺丈量下这段距离，然后移到三级跳远助跑道上反复练习，并进行适当调整。

通常而言，三级跳远运动员测量的助跑步点不固定。运动员在训练和比赛时应根据跑道的软硬程度、弹性、气温、风向以及自己的体力状态等进行适当的调整。一般来说，助跑道松软、弹性差、气温低、逆风、体力状态不好时，助跑的距离要适当缩短。相反，在各种因素都非常适合助跑时，助跑的距离要适当加长。

（4）最后几步的助跑。助跑的最后4～6步，是起跳的准备阶段，也是整个助跑的关键。因此，这几步既要保持和发挥最高速度，又要做好与起跳准备的衔接，这是一个难度较大的技术环节。一般来说，最后几步的助跑技术，有两种跑法：第一种是最后4～6步将步子放小，频率加快，形成一种快速助跑节奏；第二种是在步长相对稳定的情况下，加快步频，最后几步步长没有明显的变化。

目前，优秀的三级跳远运动员大都采用第二种跑法，因为在步长不发生显著变化的前提下，增加步频，有利于保持和发挥最高跑速，使助跑和起跳衔接得更为紧密。

2.起跳技术

（1）第一跳。三级跳远的第一跳的规定为单足跳。它对于第二、三跳的完成具有重要作用。因此，这一跳是三级跳远技术中最复杂也是最关键的技术环节。单足跳起跳从助跑最后一步摆动腿蹬离地面，起跳腿快速积极地踏板开始。整个过程包括起跳腿着地、身体重心移过垂直支撑点和蹬离起跳板。此阶段要求运动员以助跑和起跳动作的合理、有效衔接作保证，在达到必要远度的前提下，尽可能减少水平速度的损失。单足跳的基本技术的要领如下。

① 助跑最后一步时，摆动腿积极有力地蹬地，起跳腿以积极、自然的动作踏向起跳板，落地前大腿抬得比平跑时稍低些，下落要快速积极，但着地要柔和。脚落地时，要有明显的"扒地"动作。此时，上体保持垂直式适度前倾，起跳脚的着地点应距身体重心投影点较近。优秀的运动员单足跳的着地角度为69度±3度。

② 起跳腿着地后，因力的作用，迫使膝关节弯曲，随着身体的前移，踝关节背屈加大。上体和骨盆应快速向前移动，同时摆动腿积极前摆，大、小腿折叠，脚跟靠向臀部，整个身体像一个压紧的弹簧，处于蹬伸前的最有利状态。随着身体的快速前移，起跳腿要及时进行爆发性的蹬伸动作，同时摆动腿和两臂迅速向前上方做大幅度的摆动。

③ 起跳结束时，运动员上体应正直，起跳腿的髋、膝、踝三个关节充分伸直，摆动腿屈膝高抬，同时抬头、挺胸、两臂摆起。优秀运动员的起跳角为62度±2度，身体重心腾起角为17度±1度。起跳的腾起角十分重要，过多地增加腾起角会导致损失更多的水平速度。较高的腾空轨迹会增大第二跳起跳腿的负荷，对以后两跳将产生不良的影响。

④ 起跳结束后，运动员进入腾空阶段。在保持一段"腾空步"后（腾起1/3距离）摆动腿自然向下、向后摆动，起跳腿屈膝前抬，大、小腿收紧，足跟靠近臀部。接着摆动腿后摆，起跳腿向前高抬，小腿自然下垂，完成换步动作。

⑤ 换步动作结束后，起跳腿继续向前上方提拉，髋部积极前送，摆动腿和两臂向后摆至最大幅度。换步动作应当做到适时、连贯，过早或过晚都会影响下一跳的远度。

在腾空阶段中，应采用前后摆臂的形式，使两臂配合下肢的换步动作，经由体前拉向身体的侧后方。因为第一跳是在快速助跑情况下进行的，这种方式可以减小对跑速的影响。

（2）第二跳。从第一跳的着地动作开始，就应准备第二跳（跨步跳），跨步跳的技术如下。

① 在第一跳腾空过程的后1/3段，身体开始下降。此时起跳腿继续高抬，摆动腿充分后摆，以加大两大腿的夹角。同时两臂拉到身体的侧后方，为起跳做好准备。由于身体从高处下落着地，重心的落差大而产生很大的冲击力，这就给第二跳的起跳增加了难度。正确的动作应该是，起跳腿积极下压，做有力的扒地动作，同时摆动腿和两臂要有力地向前摆动。为了避免由于急剧的冲击而造成过分的缓冲，着地时腿不能完全放松，膝部、踝部和大小腿的后群肌肉都要保持适度的紧张，使身体重心保持在较高的位置上。为了便于向上跳，上体应保持正直。优秀运动员的着地角为68度±2度。

② 起跳腿着地后，要及时屈膝、屈踝，进行"退让"，以促使身体快速前移。当身体重心接近支撑点上方时，摆动腿和两臂快速有力地向上摆动，身体向上伸展，起跳腿做快速有力的蹬伸动作。在蹬离地面的瞬间，起跳腿的髋、膝、踝三关节充分伸直。第二跳的起跳角比第一跳稍小，腾空高度较低，腾起角也较小。

③ 腾空后，运动员要保持较长时间的跨步姿势。在这个过程中，摆动腿积极上提，上体前倾，起跳腿屈小腿向后摆动，使两大腿的夹角达到最大。在腾空的后半段，许多优秀的运动员的两腿做反弹式的回摆动作，这不仅有利于身体平衡，也有助于下一跳的起跳。

（3）第三跳。由于三级跳的前两跳已经使得助跑的水平速度明显下降。因此，第三跳要充分利用剩余的水平速度，尽可能提高垂直速度，以获得一个较高、较远的腾空轨迹，从而取得第三跳的最大远度。

第三跳的着地角要稍小于前两跳，为66度±2度，这样能够有利于运动员获得较大的垂直速度。着地后，起跳腿屈膝、屈踝，积极缓冲，身体快速前移，摆动腿和两臂快速有力地向前上方摆出。起跳时注意伸髋、伸背，保持上体正直。起跳结束瞬间，起跳腿髋、膝、踝三关节充分伸直，并与上体成一直线，摆动腿和两臂高摆，以增加身体重心向上移动的距离。第三跳的起跳角和腾起角都稍大于前两跳,分别为63度±3度和18度±2度。由于第三跳落地动作是双脚同时落入沙坑,所以它的空中动作和落地动作与跳远基本相同。

此外,在三级跳远技术中,安排好第一跳、第二跳及第三跳的长度比例是一个很关键的技术环节。第一跳是在较快的向前运动中完成的,第一跳的长短直接影响后两跳的技术,第一跳如果过长或过短对后两跳都不利;通常都是相对地固定第一跳的长度,在此基础上尽量增加第二跳和第三跳的长度。

第四节 投掷类项目基本技术

一、推铅球基本技术

1. 背向滑步推铅球技术

背向滑步推铅球技术主要包括:握球与持球、预备动作、团身动作、滑动作、最后用力动作以及结束动作。

(1)握球与持球(以右手为例)

① 握球。五指自然分开,把铅球放在食指、中指和无名指的指根处,大拇指和小指自然扶在铅球的两侧,起稳固铅球的作用。五个手指基本上处在铅球的半圆面,手腕自然背屈。手指和手掌力量比较弱的运动员可以把中间三个手指或五个手指适当并拢起来,这样可使力量集中些,只要最后用力动作正确,在最后用力过程中是不会出现掉球或降肘抛球现象的。

② 持球。握好球后把铅球放在右侧锁骨外端,贴住颈右侧,掌心向内,掌心所指方向与身体平行,右臂屈肘,从正面看右臂与躯干的夹角约呈直角,也可以使右肘略低些,夹角也小些。从侧面看,右肘与身体处在同一平面,不宜过前或过后。

(2)预备动作。右脚背对投掷方向站立,身体重心在右脚全脚掌上,右腿直立。左脚在右脚后方20~30厘米处,以脚尖点地,左腿微屈，帮助维持身体平衡。身体站立姿势端正，肩横轴和髋横轴与地面平行，与投掷方向垂直。颈部正直，头不要侧屈或扭转，眼睛看前下方几米处，左臂向身体前上方或正前方自然伸出。有人将预备动作概括为"横平竖直"，即肩横轴、髋横轴要平，脊柱（身体）要直。

（3）团身动作。预备动作完成之后做团身动作，它是滑步前的准备动作。保证身体正确姿势，维持好身体平衡是做好团身动作的必要条件。

首先，上体前俯，左臂随上体前俯逐步下垂，并且左腿向后上方摆起，摆到左腿大致与身体形成一条直线的合适高度，然后顺势屈右膝、收左腿、身体重心平稳下降形成团身姿势。

还有一种不经预摆直接进入滑步动作形式的简化动作，人们称之为直滑式技术。具体的动作方法为：预备动作为背向投掷方向直立，双脚左右间有一定距离，脚尖前后对齐或稍有前后之分；上体前俯；屈双膝下降身体重心；上体大致与地面平行；左臂下垂，左手几乎可以触到地面（注意手不要触地面）；身体重心落在前脚掌上。团身动作由单腿支撑改成双腿支撑，减轻了身体局部的负担，动作简单且易于完成。在一些比赛中，许多优秀运动员采用这种动作获得了非常优异的成绩。

（4）滑步动作。滑步开始时，运动员身体重心应尽量水平地向投掷方向快速运动，左腿以大腿带动小腿的形式向抵趾板蹬出，左脚尽量沿地面滑动，左脚背朝下，当左脚经过投掷圈直径约3/4距离时有个外翻动作，左脚最后落在抵趾板中间略偏左处，左脚的纵轴与投掷方向构成90～100度。左腿踢出后，在侧面看整个身体从左脚到左肩呈一条直线。配合左腿的动作，右腿有个蹬伸动作，身体重心由右脚前掌过渡到脚后跟，右脚的动作似一滚动动作（用脚跟滑步是自然动作，人在后退走时脚尖先离地，脚跟后离地），滑步过程中右膝不要伸直（技术录像或图片中有右膝伸直的瞬间图像，实际这是动作过程，如果做动作中有努力伸直过程将会出现身体重心过分向上现象，这是不利的），双腿的夹角要大，髋部动作要伸展，然后右小腿迅速内收，右脚稍内扣，落在圆心附近，右脚纵轴与投掷反方向夹角为20～45度（或大于这个角度）。

在滑步开始左腿做动作的同时，左臂有个很轻快地向投掷反方向摆动（或向右侧身体摆动）的动作。此时上体基本上保持原来的姿势不变。

滑步结束时身体的姿势是：左脚的纵轴与投掷方向的夹角为90～100度；左脚外侧抵住抵趾板中间略偏左处，左腿基本上处于伸直并紧张的用力状态；右脚内扣20～45度；右脚跟与左脚尖基本上处在同一条直线上（横向间距至少10厘米）；右膝弯曲到110～130度；身体重心落在右脚前脚掌上；右脚跟不要落地，保持用力状态；右脚跟与左脚尖大致在投掷方向正中间的直线上；髋横轴与地面平行（不要有一侧高一侧低的现象，右侧髋要"窝"住而不能顶出来）；肩横轴与地面平行，与投掷方向垂直；上体尽量向投掷反方向伸展（指双肩而不是单指左肩）；躯干与地面的夹角尽量小（最好小于60度）；左臂向后下方伸出；右手臂动作不变；面部端正；眼看投掷圈后面的前下方。

在滑步过程中，需要注意的是，身体重心的移动尽量平稳，努力做到沿地面平行运动，尤其对于初学者来说，更应该注意。另外，对于具有一定水平的运动员，开始滑步时可以要求其臀部向抵趾板方向（后下方）运动，这样对于滑步速度的提高和身体重心起伏的减少有非常积极的作用。

（5）最后用力动作。滑步结束后右脚脚跟力争不落地，右腿用力时右脚内侧用力形成侧蹬动作，右膝尽量沿水平方向向前运动，右腿侧蹬中伴有转动动作（但不要过分强调转动，这一点上，铅球与铁饼项目右腿的动作有明显的不同）。当右小腿与地面形成比较小的夹角之后，右腿尽可能用力蹬伸推动身体向前。

滑步结束左脚落地后，左腿始终保持着紧张的蓄力状态（伸直状态），随着身体重心向前运动，左膝有个微微弯曲再伸直的过程，这个过程是左腿在紧张用力状态下的退让动作，由于生理上的牵张反射，最后左腿形成强而有力的支撑后的蹬伸用力动作。

最后用力过程中，需要注意的是，在下肢积极动作和身体重心向前运动中，上体由向后伸展的背面转成侧面，从下至上整个身体形成一个侧弓形，这个动作过程造成了整个身体主要工作肌群的拉紧状态。从滑步右脚落地到身体形成侧弓状态这一过程是推铅球技术中最重要的环节之一，也称这一过程为最后用力的准备阶段（或叫蓄力阶段）。这个阶段可分为两个小阶段：一个是右脚落地→左脚落地阶段；另一个是双脚落地形成双支撑→形成侧弓阶段。

除最后用力的动作准确合理之外，其他较为重要的技术环节有：第一，右脚落地后脚跟尽量不要落地，用脚前掌做侧蹬动作；第二，右膝尽量沿水平方向运动，右腿不要向上蹬伸；第三，右下肢动作要快，不要硬发力蹬伸；第四，髋部边向前运动边转动（注意髋部不要原地转动）；第五，上体尤其是上肢处于被动拉紧状态，不能主动用力。

原则上来说，铅球最后出手时应该达到最高速度，为了保证铅球能够获得更快的出手速度，最后用力前的准备阶段动作就显得尤为重要，不仅身体要处于一种有利的姿势，更重要的是全身肌肉要能够保证在之后的阶段能够发挥最快的收缩速度。"拉弓射箭"，弓拉满，箭才能射得远，所谓弓拉满就是肌肉要充分拉长。肌肉只有在一定放松的条件下才能够充分拉长，所以在最后用力的准备阶段一定不能过度紧张用力，而是要在前面动作的基础上"顺着"用力，减少肌肉的内耗，让肌肉充分拉长。

身体形成侧弓后继续向前运动，髋部位置逐步领先，身体迅速形成正弓形（有的是呈反弓形或满弓形），身体转到正面时铅球刚刚即将离开颈部。从最后用力开始到身体成正弓形，左臂的运动路线是经过身体左侧上方止于左肩下侧这样一条弧线。左肩一直向前（伴有轻微转动）运动，直至铅球出手时左肩才停止运动。在这个过程中应避免左肩故意下压和后拉动作的出现。

需要注意的是，由于身体积极向前运动，随后右臂参与工作把铅球推出去。右手最后有个拨球动作，拨球动作属于自然动作而不是故意做作。

最后铅球出手时的正确身体姿势为：左腿充分蹬直；右腿充分蹬伸；抬头，挺胸，面对投掷方向；右臂伸直；左臂在身体左侧，左手低于左肩；左侧的踝、膝、髋、腰、肋、胸、肩形成强有力的支撑。铅球的实际出手角度约为37度，通过技术分析可以看出铅球出手点约在左脚正上方（或前上方）。

（6）结束动作。铅球出手之后，由于身体向前的惯性易造成身体失去平衡，整个身体仍持续向投掷方向跟进。维持身体平衡，避免出圈而犯规和出现跌倒现象。在最后用力和铅球出手动作时必须注意。通常情况下，应该采用的方法为：及时交换双腿改变运动方向、下降身体重心、左腿积极后退以维持身体平衡避免犯规，保证已取得的成绩。

2.旋转推铅球技术

旋转推铅球技术的使用比较广泛。它与背向滑步推铅球技术有相似之处，但也有区别。旋转推铅球技术可以大致分为四个部分：即握球与持球、预备姿势、旋转、最后用力和维持身体平衡。

（1）握球与持球。旋转推铅球的握球与持球方法相同于背向滑步推铅球。右手持球放在肩上锁骨窝处，铅球贴紧颈部，由于在旋转中会产生较大的离心力，故应把铅球握得更稳固些。

（2）预备姿势。两脚左右开立，稍比肩宽，脚尖靠近投掷圈后沿，体重在两腿上。左臂自然向下，两膝稍屈，上体稍前倾。

（3）旋转。开始旋转前，上体前屈并向右转动，左肩和左臂也随之向右转动，膝关节弯曲至适宜程度，右腿支撑体重，右侧肌肉扭紧，做好向左旋转的准备。开始旋转时，首先是上体向身体左侧转动，随之逐渐加大上体前倾及两膝弯曲程度，降低身体重心。此时以左脚前掌为轴转动，体重平稳地从右腿移向左腿，左膝、左腿继续外转（脚跟挺起）。当体重完全移至左腿时，右脚已蹬离地面，形成了以左脚为支撑点的左侧单腿支撑旋转轴。在转动过程中，上体稍向左倾斜，以保持身体平稳，右腿膝关节弯曲，以左腿为轴摆动。随着身体向投掷方向继续转动。左腿迅速蹬离地面，产生一个低的腾空,此时右腿不失时机地完成扣髋动作并迅速向前跨出,用脚前掌着地,落在投掷圈中心附近。

右脚落地后,膝关节逐渐弯曲并负担体重,左腿屈膝积极向右腿靠拢,以缩小下肢转动半径,加速以右腿为轴的单腿支撑旋转,给右髋迅速超越上体创造条件。此时左髋继续积极沿逆时针方向转动,以加快旋转速度和左脚落地动作。左脚用前脚掌着地,落在中线稍偏左侧处,形成最后用力前双腿支撑的有利姿势:身体重心较低,上体成扭紧状态,左臂微上举并内扣,左肩高于右肩,使参与最后用力的左侧肌群处于充分拉长状态,为最后用力快速推球创造条件。

在旋转过程中,头部和左臂的动作有着重要的作用。开始旋转时,头和上体向身体左侧转动,左臂也随之摆到左侧。当进入以右脚为轴旋转时,由于髋部快速转动,使头、左肩和左臂落在后面,使左侧肌肉扭紧拉长。在右脚支撑旋转中,如果头和左臂向左转动,必然造成体重过早移向左腿的现象,从而不能形成最后用力前身体超越器械的有利姿势。

(4)最后用力和维持身体平衡。左脚着地后,右腿积极用力蹬转,推动右髋向前上方移动,使上体与铅球进一步留在后面,然后做与背向滑步推铅球的一样动作,完成推球出手动作和铅球出手后维持身体平衡。

二、掷标枪基本技术

从理论上来说,掷标枪与其他投掷项目是相通的,同样分为握枪、持枪助跑、最后用力、维持平衡几个技术阶段。但是由于其形状的特殊性,在方法上有着自身的特色。

1. 标枪的握法和持枪

(1)握枪(以右手投掷为例)。标枪的握法主要有普通式握法和现代式握法两种,每种握法都有各自的特点。①普通式握法。现在国内外运动员大都是将标枪斜握在掌心,拇指与中指握住标枪绳把末端第一圈上端，食指自然地贴在标枪上，无名指与小指也自然握住绳把。这种握法能有利于加大投掷距离，使标枪在出手时获得较大力量。② 现代式握法。用拇指和食指握住标枪绳把末端的第一圈，其余三个手指握住绳把。这种握法的主要特点是动作比较自然。运动员在握柄方式的选择方面，还需要根据自身的特色，保持手腕的轻松自如，使得标枪能够准确地沿着理想轨迹旋转飞行，并且在空中能够稳定滑翔。

(2) 持枪。在助跑过程中，一个好的持枪技术非常有利于助跑的发挥。常见的持枪的方式主要有肩上持枪、腰间持枪和综合持枪三种。① 肩上持枪。即把标枪举在肩上，弯曲的投掷臂和手腕控制标枪，标枪的尖部略低于尾部，整个标枪高于头部，这种持枪方式，手腕比较放松，也便于引枪。肩上持枪还可以把标枪放在右肩上耳际部位，枪身和地面保持平行，大小臂弯曲较大，这种方式容易控制标枪的稳定性，但投掷臂比较紧张。② 腰间持枪。即握枪后将标枪置于腰侧，助跑时枪尖在后，枪尾在前，持枪助跑仍像平跑时那样前后摆臂，进入投掷步时再引枪，将枪尖对准投掷方向。这种方式引枪时，需翻手腕将枪尖对准前方，因此难度较大。优点是助跑时肩、臂动作自然放松，便于发挥速度。③ 综合持枪。即持枪助跑前半段采用腰间持枪，后半段变换成肩上持枪，到投掷步时再引枪。这样做既可以在前半程发挥速度，后半程又便于引枪，也便于控制标枪。因此，许多运动员都喜欢采用这种综合持枪方式助跑。

2. 助跑

掷标枪的助跑一共分为两个阶段，一是预跑阶段，二是投掷步阶段，具体如下。

(1) 预跑阶段。掷标枪的助跑一般需要25～35米。从第一标志线到第二标志线需15～20米距离作为预跑阶段，通常跑8～14步。

在预跑阶段中，投掷臂持枪，上体稍前倾，用前脚掌着地，高抬大腿，蹬伸动作有力，动作轻快而富有弹性，并且助跑的节奏性要强，持枪臂和另一臂要与两腿动作协调配合，两眼平视，头部自然抬起。

预跑阶段的助跑应是逐渐加速的,助跑的步长要稳定,助跑阶段应该能控制,以便于完成投掷步和最后用力为前提。研究发现,掷标枪助跑时的速度相当于本人最高跑速的60%～85%,即适宜助跑速度。这通常与个人的技术熟练程度有关。对于初学者来说,预跑阶段的助跑速度更要控制,随着技术熟练程度的提高,可逐步提高助跑的速度。

(2)投掷步阶段。投掷步是从第二标志线到投掷弧这一段距离内的助跑,实际上是从预跑加速过渡到最后用力直至标枪出手这一系列的动作阶段。投掷步的任务是通过特殊的助跑技术,使下肢动作加快,在快速向前运动中完成引枪,并且通过投掷步形成身体超越器械,为最后用力和出手创造良好条件。

投掷步的形式大致可以分两种:即跳跃式投掷步和跑步式投掷步。投掷步通常跑4～6步,因男女步幅的大小不同,因此,投掷步的距离也有一定的差异。通常情况下,男子需要9～15米,女子8～13米。

①跳跃式投掷步。这种投掷步有些像弹跳步。这种形式腾空时间较长,两腿蹬伸的力量大,有利于引枪动作和超越器械的完成,动作也比较轻快自如。但这种跳跃式的投掷步,要防止跳得过高,以免因重心起伏过大而影响动作的直线性和连贯性。

②跑步式的投掷步。这种投掷步与平常跑步相似,特别是向前速度较快,身体向前平直,但不利于形成身体超越器械。当前,许多优秀运动员多采用"混合式"的投掷步,即前两步采用跑步形式,使其尽量发挥速度,到第三步(也就是交叉步)采用跳跃形式,最大限度地形成超越器械。

第一步:是左脚踏上第二标志线,右脚向前迈步的同时右肩后撤,左肩对着前进方向,此时开始引枪。由于右肩后撤,持枪的手臂沿着身体靠近胸部向后引枪,但右臂不完全伸直。枪尖大约和左肩的位置齐平。此时眼向前看,左臂自然摆至胸前。

第二步:是从左脚离地开始向前迈步,这时随着左脚向前迈步,髋开始向右转动,逐渐朝着前进方向。右肩则继续后撤,右臂继续后伸,完成引枪动作。伸直的右臂大约接近肩的高度,标枪接近右臂的小臂,控制好标枪角度,枪尖的高度接近右侧眉弓。保持标枪的纵轴和投掷方向相一致。

  第三步:投掷步是个交叉步。这一步的任务就是要通过特殊的交叉步,使躯干落后于下肢,形成超越器械的身体姿势。第三步是以左脚有力的蹬伸,右腿积极大幅度地前摆迈步,使下肢超过躯干和上肢,加大躯干的向后倾斜,髋轴超过肩轴,从而实现超越器械的动作。

  随着左腿蹬伸,右腿向前摆动时身体应侧对投掷方向,但头仍然向前方平视,这样才能形成前轴与肩轴的扭紧,成交叉步。右脚以脚外侧着地,并且落地时脚掌与投掷方向约成45度,体重大部分已落在弯曲的右腿上。第三步交叉、转髋动作的幅度,视运动员自身的情况而定。

  第四步:就是最后用力的一步,这是一个难度较大的技术环节。最后用力的过程是:当第三步(交叉步)的右脚落地后,躯干已形成一定的后倾,身体重心落在右腿上,右腿被迫弯曲,左腿则顺助跑向前的惯性积极地向前迈步,左大腿不要高抬,左脚比较低而平地向投掷方向偏左方着地。与右脚的落地点相距20～30厘米,左脚尖和投掷方向约成20度,落地后形成一个稳固的左侧支撑,成为最后用力的预备姿势。

  投掷步阶段应尽量保持预跑段获得的速度,跑的节奏各步也有所不同,通常第一、二步比较快,第三步稍慢,第四步最快。

  3.最后用力

  在掷标枪的最后几步中,其技巧的掌握非常关键,它直接影响着比赛的成绩。因此,一定要重视最后用力的技术动作,更要准确掌握。

  投掷步的第三步右脚落地后,髋部顺向前惯性继续运动,身体继续向前运动,在身体重心越过了右脚支撑点上方时(左脚还未着地)，右腿积极蹬地。左脚着地时，左腿做出有力的制动动作，可加快上体向前的运动速度。右腿的继续蹬地，推动右髋加速向投掷方向运动，使髋轴超过肩轴，并带动肩轴向投掷方向转动。在肩轴向投掷方向转动的同时，投掷臂快速向上翻转，使上体转为面对投掷方向，形成"满弓"姿势。此时投掷臂处于身后，与肩同高，与躯干几乎成直角，标枪处在肩上后方，掌心向上，枪尖向前。

形成"满弓"后，胸部继续向前，将投掷臂最大限度地留在身后，右肩部的肌肉最大限度地伸展。由于向前的惯性作用，左腿被迫屈膝，但随即做迅速有力的充分蹬伸，同时以胸部和右肩带动投掷臂向前做爆发性"鞭打"动作，并使用力的方向通过标枪纵轴。

在最后用力时，合理的用力顺序是取得最大出手速度的关键。从右脚落地后的及时发力至右臂的快速鞭打和标枪出手，人体各环节形成一个完整的运动链，人体参与用力各环节肌肉群自下而上按照严格的顺序依次用力，使人体各环节依次加速和减速，实现了动量的传递，并获得最大的出手速度。

在最后用力阶段，为了取得更好的效果，需要注意的是：第一，由于标枪的出手速度是助跑速度和投枪速度的合速度，为了提高助跑速度的利用率，在现代掷标枪技术中，越来越重视助跑与最后用力的衔接动作；第二，为了做好衔接动作，运动员在交叉步时身体不应腾空过高，在右脚着地后，应该及时发力，左脚应主动快落，并做好制动和支撑用力动作。

4.维持身体平衡

标枪出手后，保持身体平衡是全过程的结束动作。为了防止人体越过投掷弧而造成犯规，标枪出手后，右腿应及时向前跨出一大步，以保持平衡。为了保证最后用力时运动员可以大胆向前做动作而又不犯规，最后一步左脚落地点至投掷弧的距离应是1.5～2米。

5.标枪飞行

标枪出手后沿纵轴旋转向前飞进。标枪自转，在有些情况下还可延缓落地时间的作用。标枪自转可达20～25周/秒，标枪飞行时间为3.5～4.5秒.

三、掷铁饼基本技术

掷铁饼的整个运动过程主要包含握法、预备姿势与预摆、旋转、最后用力和维持身体平衡四个部分，具体如下。

1. 握法

握铁饼时首先五指应自然分开，然后将拇指和手掌自然地握住铁饼，其余四指自然分开，用四指的末节扣住铁饼边沿。手臂微屈，把握着铁饼不要滑落。握好铁饼后投掷臂在体侧放松下垂。在握铁饼时，为了不影响掷铁饼的效果，需要注意，握铁饼不能太紧也不可太松，以便于用力拨饼为宜。

2. 预备姿势和预摆

（1）预备姿势。背对投掷方向，两脚左右开立同肩宽，两脚站在投掷圈后沿，左脚尖稍离开一点便于旋转，持铁饼的手臂放松下垂于体侧。

（2）预摆。掷铁饼的预摆动作是为旋转做准备的，也是为了使肌肉活动获得一个最佳状态。预摆的形式主要有两种，即左向上、右向后的预摆和体前左右摆。不管选用哪种预摆方式，最后总有一个"制动"动作，这个制动点就是进入旋转动作的开始点。

① 左向上、右向后的预摆。预备姿势做好后，开始预摆。先由持饼臂起动在体侧前后自然摆动，此时身体重心也随着摆臂左右移动。当铁饼摆到体后时，重心靠近右腿，然后右腿蹬地向左移重心，投掷臂持饼向左上方摆动，右臂稍弯曲，铁饼大约摆到前额左方，为了防止铁饼滑落，左手去托饼，重心完全移到左腿，上体也随之向左转动。随后投掷臂放松向右后方摆动，重心又从左腿移至右腿，上体又自左向有后方转动，右腿稍有弯曲，左臂自然屈于胸前。在整个预摆过程中，头随上体转动，两眼平视。当向后摆到最高点时（约与右肩同高）即是制动点。由于这种预摆方式简单易行，因此比较适用于初学者。

② 体前左右预摆。站好预备姿势以后，先在体侧自然摆动几次，当铁饼摆到身体后面时，重心向右腿靠拢，躯干向左扭转并带动投掷臂持铁饼经体前向左摆动。当持饼手摆到体前时，手掌翻转向上，右肩前倾，体重向左腿靠拢。然后持饼臂经体前向后回摆，持饼手掌翻掌向下，体重移向右腿。在往复摆臂时，上体应向左右随之扭转，尤其在向右回摆铁饼时，上体充分扭转，形成扭紧状态。这种预摆方式的主要特点是：幅度大，动作放松，但必须很好地握住铁饼，防止滑落。因此，这种预摆方式经常会为优秀运动员所采用。

3. 旋转

旋转和助跑的作用基本相同，都是为了在铁饼最后用力出手之前使器械得到一个初速度，并为最后用力和出手创造有利的身体姿势。根据有关资料统计，原地掷铁饼与旋转掷铁饼的距离相差 8～12米。

旋转动作是从两摆结束的瞬间开始的，首先是以左脚支撑为旋转的轴心，借助右腿的蹬地力量，向投掷方向转动左膝和左肩，身体重心略有下降，重心从右侧转移到左腿方向，左腿的动作是边屈膝边旋转，带动身体也向左转动，身体要稍前倾并稍收腹。

当左肩转动，移到左腿支撑点垂直线上时，左腿再屈膝向投掷方向移动，同时左肩带动整个身体向左转动，形成了以左半身为轴的旋转姿态。这时右腿的大腿带动小腿，右腿弯曲成弧线绕过支撑的左腿进行旋转（右腿稍内扣），右腿好像贴着地面向投掷方向跨步，整个身体形成了以左侧身体为轴的大扇面旋转。当身体重心通过左腿时，左脚蹬地，身体向投掷圈的圆心移动。旋转过程中，投掷臂和右肩放松，被滞留在旋转身体的后面，右侧身体的肌肉也被拉长，形成了身体超越器械。

持铁饼的旋转动作，实际上是左腿蹬转和右腿右髋内扣旋转的结合。在旋转过程中的短暂腾空，要保证髋和腿的动作先于臂的动作，以便形成髋轴超越肩轴的超越器械动作。旋转动作结束时，首先是右腿以前脚掌着地，落在圆心附近，形成一个非常短暂的、以右脚为轴的单腿支撑。这时整个身体并不停顿，仍然以右脚为轴继续旋转，紧接着就是左脚以脚内侧的着地支撑，并且开始最后用力出手的技术过程。

4. 最后用力和维持身体平衡

最后用力是掷铁饼的关键技术。最后用力的效果如何，在很大程度上取决于四个方面的因素：第一，要有较长的飞行距离；第二，要有较快的用力速度；第三，作用于铁饼的力量；第四，要有一个适宜的出手角度。

旋转结束后，要为最后用力准备一个正确的身体姿势，这取决于旋转动作右脚落地之后仍需不停顿地转动，当左脚一旦着地，做好左脚支撑，紧接着就和最后用力相衔接。

右脚一边转动一边向投掷方向蹬伸，带动着持铁饼的投掷臂进行大弧度运动。左腿则承担着支撑作用，使右侧绕着左侧轴转动，形成了一个以胸带动臂向前鞭打的甩臂动作。此时左腿向上蹬伸，左肩制动，形成有力的左侧支撑，在这样上下肢、左右侧协调动作配合下，使全身的各部位用力都集中在铁饼上，以加大出手的速度，并且也能使身体处在较高位置，为最后出手创造一个较好的角度。

需要注意的是，首先，铁饼离手的瞬间，应由右手的小指到食指依次拨饼，使铁饼能沿着顺时针方向在空中转动飞行；其次，出手后为了避免犯规或跌倒，应及时地交换两腿，降低身体重心，顺势再向左转体，维持身体平衡。

四、掷链球基本技术

掷链球是一项技术比较复杂的田径运动项目。一般情况下，掷链球的基本技术可以分为持握器械、预备姿势、预摆、旋转和最后用力5个部分。

1. 持握器械

投掷链球时，一般采用扣锁式握柄方法。正确的动作方法是：

将链球的把柄放在左手食指、中指和无名指中段指节和小指末节，手指关节弯曲成钩形，钩握把柄。掌骨关节相对伸直，右手指扣握在左手指的指根部，右手的拇指扣握左手食指，左手拇指扣握右手拇指，两拇指交叉相握，成扣锁式握法。

需要注意的是，为取得较大的旋转半径，运动员往往将把柄置于左手指骨末节和指骨中段之间，然后右手同样扣握在左手上。除此之外，规则还规定，掷链球时，左手可戴光滑皮质保护手套，但指尖必须外露。

2.预备姿势

运动员背对投掷方向站立在投掷圈后沿，两脚开立，距离同肩宽或者略宽于肩，以适合运动员预摆和开始旋转为度。左脚靠近投掷圈中心线，右肩稍远，这样便于有充分余地完成四圈旋转。两膝关节微屈，上体前倾右转，体重移至右腿，链球放在圈内身体的右后方，两臂伸直。另外，为了使动作做得更加轻松，也可以在以上预备姿势的基础上进行一定的改进，比如，有的运动员采用将球提离地面，由体前摆至右后方，然后直接进入预摆的方法。

3.预摆

预备姿势结束后就会开始进入预摆阶段。运动员拉链球，使链球沿特定轨迹绕人体做圆周运动。大部分运动员采用两周预摆。在两周的预摆中，球呈匀加速运动，第二周预摆要比第一周预摆速度快、幅度大。预摆的速度要与身体的平衡相适应，身体平衡靠两腿和髋的移动补偿完成。一般预摆两周时，每周链球运行距离为5～6米，速度12～15米/秒。

两周预摆的技术动作和主要特点。第一周预摆：是从两腿蹬伸、上体直立左转拉伸两臂开始的。链球从身体的右后方沿向前——向左——向上的弧线运动。随链球向前移动，体重逐渐从右腿移向左腿。当链球摆至体前、肩轴与髋轴相平行时，两臂充分伸直。随后链球向左上方运动。当链球摆到左侧高点时屈两肘，两手位于额前上方。当链球通过预摆斜面高点后，两臂逐渐伸直，体重移向右腿，左膝稍屈,肩轴向右自然扭转70～90度。此时链球由上经身体右侧向下摆至低点,然后紧接着开始第二周预摆。

4.旋转

(1)旋转技术的原理分析。掌握好旋转技术是掷链球的关键。身体通过旋转,使器械获得较大的运行速度,积累动量,并造成身体良好的"超越器械"动作,为最后用力创造有利条件。旋转要求人与链球形成一个整体,有稳固的旋转轴和较大的旋转半径,要求在身体良好平衡的情况下,变换支撑形式,协调用力,逐渐加速,应充分利用双支撑时的加速转动,缩短单支撑时间,做好双支撑向单支撑的过渡旋转和单支撑向双支撑的转换,还应力求加长链球绕人体的转动半径,加快旋转的角速度。

在旋转过程中,单支撑阶段和双支撑阶段的链球运行距离不同,每圈旋转时的链球运行距离也不相同。加长链球旋转时的运行距离和加快链球运行的速度,依靠增加双支撑用力时间并缩短单支撑时间来完成。在完整的旋转技术中,各旋转加速的节奏一定要明显。加速节奏体现在缩短单支撑时间和加快双支撑速度上。

在旋转中,链球最高点逐渐升高,运行斜面的角度逐渐加大,为最后用力创造了适宜角度。合理的旋转技术要求运动员的头部与肩保持相对稳定,头部不能有任何扭转和倾斜,头部位置的改变会直接造成错误的旋转动作。例如,向左转头容易造成肩带的紧张,影响双臂的伸直,并导致旋转困难。躯干直立能维持平稳的旋转和对抗球的拉力,有利于旋转加速。两臂伸直,两肩放松,使肩和手臂放松牵拉链球,形成一个稳固的三角形,会使旋转形成一个理想的旋转半径。

旋转中,髋部向前挺出,有利于身体重心的移动和双支撑向单支撑的过渡,双腿弯曲,有利于对抗链球离心力和旋转时蹬地加速。

(2)旋转技术的动作分析。根据以上对旋转技术原理的分析,可以将旋转技术分为四个阶段,即单支撑阶段、双支撑阶段、双支撑过渡阶段、单支撑转换阶段,具体如下。

① 单支撑阶段。从右脚抬起至右脚落地为止。在单支撑阶段，身体重心顺利地移至转动支撑的左腿至关重要。这取决于进入旋转双支撑向单支撑过渡时身体重心左移的时机，过早或过晚都将引起右髋的扭曲，造成偏离旋转轴的错误。单支撑时链球上升至高点前，是保持速度阶段，因为此时人体与链球是同步运动的。人体与链球整体的旋转是由左脚外侧支撑完成的。充分伸展双臂，可形成最大的旋转半径。链球接近高点之前开始转体，链球达最高点时左脚由脚外侧转向前脚掌，链球由高点下行时，左膝弯曲下压，右脚快速落地，完成单支撑阶段。与此同时，双臂仍伸直，右腿和右髋超越肩轴，使身体呈扭紧状态，形成良好的下肢超越上肢和超越链球的姿势。

② 双支撑阶段。双支撑阶段是从右脚落地开始至右脚离地。这一阶段是为链球加速的最佳阶段。右脚落地时，髋轴超越肩轴20～40度。在链球运行时，两肩放松，两臂应充分伸展，使链球以最大半径运转。双支撑阶段应保持两腿的弯曲和躯干的正直，并保持身体的稳定，以利于对抗链球的离心力。

③ 双支撑过渡阶段。双支撑向单支撑的过渡转移阶段是在髋轴与肩轴平行，链球处于体前低点时开始的。此时链球运行半径相对缩短，而旋转角速度加快，应借助链球的转动加速，双脚向左侧转动，同时身体重心左移，右脚迅速抬起，进入单脚支撑阶段。过渡阶段由于转动力量的加大和脚速度的加快，双脚既要完成转动又要使身体重心左移，因而技术动作较为复杂，是比较难以掌握的技术环节。

④ 单支撑转换阶段。单支撑向双支撑的转换取决于单脚支撑旋转的成功。当链球由高点下行时，保持双臂的伸展和躯干的挺直，左脚掌平稳地支撑并转动，左膝及时准确地弯曲下压，使右脚尽快落地，形成一个充分的超越器械姿势。

5. 最后用力

最后用力是在第三圈（或第四圈）旋转结束、右脚落地开始的。

最后一圈右脚落地，下肢动作充分超越上体和链球，髋轴与肩轴达到最大扭转程度，两臂充分伸展，链球处在远离身体的右后上方，双膝弯曲，身体重心偏左。由于最后一圈转动速度较大，链球高速下行。随链球下行，身体重心右移，链球至身体的右前侧，身体重心移至双腿。当链球至身体右前方时，弯曲的双膝开始蹬伸，身体重心左移并升高，链球沿身体右侧弧线上升。此时左腿做强有力的支撑，右脚左转蹬送，右髋左转，躯干挺伸，左肩左转，头自然后仰，链球快速运行上升。当升至左肩高度时，两手挥动将链球顺运行的切线方向和理想的角度掷出。为保持身体的平稳和防止犯规，链球出手后要转体换腿，降低身体重心。

第四章
田径速度素质训练

速度素质是人体的基本身体素质之一，它是人体或人体某部位快速运动的能力。速度素质包含三个方面，即快速完成动作的能力、快速经过规定距离的能力和对外界刺激或各种应激反应的快速判断能力。速度素质训练是田径训练的主要内容之一，其中，绝对速度素质和速度耐力两者相互促进、相互制约。田径运动员为了取得更好的成绩，有必要针对速度素质进行科学、合理的训练。

速度素质训练的表现形式有三种，即动作速度、周期性运动中的位移速度和反应速度。①动作速度是指人体或某一部位完成单个动作或成套动作的快慢，以及某种动作在单位时间内的重复次数多少的能力。动作速度的快慢与神经系统的兴奋和敏感度、人体各器官系统的准备状态、其他身体素质的水平和对相关技术动作的熟练程度有关。②移动速度是指在单位时间内人体快速移动的能力。移动速度的快慢与人体神经系统所处的状态有关，且移动速度的快慢和能力与神经系统的兴奋性呈正比例关系。研究表明，人体的移动速度能够通过后天训练和培养得到提高，有时它还会受到遗传因素的影响。③ 反应速度是指人体对外界各种刺激信息的回应能力。反应速度的快慢取决于刺激信息被传导所需的时间,信息的传递几乎是在瞬间完成的,这一瞬间的快速时间被称之为"反应时",它与反应速度呈反比例关系,即"反应时"越长,人的反应速度就越慢。

提高速度素质水平,就要着重提高神经系统的灵活性,提高心肺系统功能和肌肉力量。在提高肌肉质量的同时,还要注意掌握好对肌肉协调力的控制和学会放松的能力,知道对肌肉的使用要张弛有度,发力之前的放松有利于肌肉爆发力的发挥。速度素质的好坏决定了运动员技术发挥的水平,其意义主要体现在以下三点:① 速度素质是取得良好成绩的关键。田径运动中几乎所有项目都需要通过速度抢得先机,速度素质保持在较高水平可以直接或间接地提高竞技水平,获得优异成绩。在日常训练过程中,实践证明,在训练中以高速度、高强度严格要求运动员的话,在竞争激烈的比赛中运动员就能更加从容不迫地发挥水平。② 速度素质是衡量运动水平的依据。速度素质水平可以非常直观地反映在运动过程中,良好的速度素质有助于运动员更好地掌握合理而有效的运动技巧。教练员发现运动员的速度素质欠缺,成了影响运动员取得更好成绩的短板时,就需要对症下药,针对速度素质进行训练,并以此提供改进技术和方式的客观依据。③ 速度素质训练能够改善人体代谢过程。速度素质在提高人体快速运动能力的同时,还可以促进人体中枢神经反应过程兴奋性与灵活性的提高。这对人体内腺苷三磷酸和磷酸肌酸储存量的提高也有很大的帮助。

速度素质的影响因素越多,在日常训练中所需要注意的事项就越多。① 从参与训练者的实际能力出发。训练内容和强度的制订一定不能忽视运动员的真实训练水平和身体状态,在速度练习的组与组之间要保证一定的休息时间。另外,在训练中一定要注意采用正确的技术动作,教练员在一旁要密切关注练习者的动作,要及时纠正,练习内容之间遵循循序渐进的原则,先慢后快,先易后难。② 科学合理安排速度训练的顺序与时间。人体的各种身体素质和运动能力之间都具有相互促进、相互制约的关系,所以在发展速度素质的同时，要处理好其与其他身体素质的关系，注重科学合理的练习方法，安排适当和符合运动规律的练习顺序。③ 速度素质训练与专项技术相结合。速度练习专业性较强，需要结合专项技术动作要求进行，让运动员在速度训练中能感觉到躯干等各部位的协调配合，以掌握发展专项技术所需要的动作速度的能力。④ 速度能力与其他能力协同发展。运动员整个身体或某一部位的运动速度是在某项运动中获得理想成绩的关键因素，而运动项目所要求的最佳运动速度经常是由于关节协同发力的结果。⑤ 保证体能训练的环境安全：包括场地设施的安全、运动装备的安全等。

第一节　走跑速度素质训练

一、竞走类运动项目的速度训练分析

最大速度是指在一定距离内最快的位移速度，运动员最大速度的水平是战术安排和比赛最后阶段决定胜负的关键。但最大速度不是竞走项目的决定因素，因此竞走运动员的速度必须与影响速度耐力水平提高的其他因素同时协调发展。单一地提高最大速度的速度训练（同短跑运动员一样的速度训练），即使能获得最大速度的提高，其速度转化为速度耐力的比例也是非常小的。竞走运动员既需要非乳酸无氧代谢供能的训练，也需要糖酵解无氧代谢供能训练，这两种素质的同时改善才能促进运动员速度能力的提高。

发展非乳酸供能的速度能力是耐力项目的特殊需要，是在运动员处在一定量乳酸积蓄的条件下发展的最大速度。实践中，教练员一般将最大速度的训练安排在专项训练负荷后，待运动员内乳酸含量尚未恢复时进行。竞走运动员发展速度素质一般采用接近专项、短于专项、大强度的竞走练习，并强调发展运动员的动作速率和节奏感。除采用专门练习外，还可以安排高频小步走、原地快速摆臂的模仿竞走、持续快速的仰卧摆腿以及各种加速走和坡度走等练习。

1. 竞走类项目的速度感的培养方法

(1) 数步法。在培养速度感之前，首先要对运动员进行数自己步子的训练，并养成数步的习惯。这是培养速度感由低级向高级发展的重要基础，也是培养速度感最简单、最实用的方法。利用数步法训练速度感，最好先在田径场进行，因为场地400米便于初学者数步，还可分成100米、200米段落，教练员也便于检查。

(2) 跟踪法。速度感好的老队员可以按照计划的速度，带领新运动员进行速度感训练，使紧跟其后的运动员体会各种速度的感觉。此种方法应从短距离开始，速度由慢到快，速度感建立快慢与计划速度有很大的关系。制订计划速度时，一定不能脱离运动员实际能力，否则效果不佳。

(3) 判断法。当运动员通过上述速度感的训练并获得一定速度感后，就可以用判断法进一步强化他们的速度感。判断法培养速度感有两种方式：一种是运动员独立走一圈后，让运动员自己判断所花的时间，进行修正后再练，不断提高判断时间的准确性；另一种是由领走者按事先计划的不同速度领走，同时要求所有运动员判断场上的速度，在走的过程中随时要求运动员判断当时的速度（400米），以此了解运动员速度感的情况，以便有针对性地训练。

(4) 测验法。各种类型的测验，实际上也是一种特殊的训练形式，它既有提高专项能力的作用，又能检查速度感训练的情况，对一些速度感好的优秀运动员还能起到巩固和强化速度感的作用。安排测验时，要根据运动员的实际情况，安排不同的距离和不同的速度。

(5) 比赛法。比赛是对速度感最好的检验。只有经过比赛检验的速度感才是真正的速度感，才有实用价值。测试通常会在运动员所熟悉的环境里进行，而比赛场上有不熟悉的对手、有胜负问题、有观众、有裁判员等，比测试的环境更为复杂。

(6) 节奏感的培养。更高水平的速度感就是运动员能在公路没有距离标志、没有报时的情况下，凭着节奏判断速度的能力。运动员的速度感会随着训练水平的提高而提高,从这个意义上讲,运动员不能单有速度感,而是需要具备尽可能多的各种速度感。专项能力提高后则必须进行新的速度感的训练。当运动员培养起节奏感后,就能在各种情况下精确地判断出正确的速度,运动员只有具备这样的能力,才能应付各种复杂的比赛环境,最后取得胜利。

2.速度耐力

速度耐力是运动员最大限度发挥和保持速度的能力,是竞走运动员的灵魂。实践证明,创造优异成绩的关键就是在比赛中始终保持高速度走的能力。常用的提高速度耐力的方法如下。

(1)持续走。如运动员以80%~85%的运动强度走完3~6千米。

(2)重复走。如(4~5)×400米要求运动员每400米在规定时间内完成,间歇5分钟,采用重复走练习,选择的段落应短于专项距离。

(3)间歇跑。如6×200米,要求每200米在30秒完成,每次之间慢跑200米作为间歇。

二、短跑类运动项目的速度训练分析

短跑类项目运动员的速度训练主要包括反应速度、加速度和最高速度。速度训练的效果在很大程度上取决于速度练习距离的选择、练习量的掌握以及恢复时间的控制。实践证明,运动员从静止加速到个人最高速度一般需要5~6秒的时间,因而速度训练的最佳距离应选择在30~80米。由于速度训练对神经肌肉协调的要求较高,只有在神经系统高度兴奋状态下进行练习,才会取得好的效果。因此,速度训练应严格控制练习量及恢复时间的安排。练习次数一般为4~10次,恢复时间应保证运动员能得到恢复。

1.反应速度

短跑运动员的反应速度主要取决于人的感受器(视觉、听觉)以及中枢神经系统与神经肌肉之间的协调关系。反应速度素质受遗传因素影响较大,此外,不同的信号刺激、不同的动作准备、不同机能状态、不同强度、接受刺激的感受器数量不同等因素都会影响运动员反应速度。反应速度训练常用的方法有信号刺激法(即利用突然发出的信号提高运动员对简单信号的反应能力)和运动感觉法。其练习手段有移动目标的练习及选择性练习。

(1)起动追拍

目的:发展反应动作速度和灵敏性。

方法:两人一组前后相距2~3米慢跑,听到信号开始加速,后者追前者。追上并拍击前者背部即可停止。也可在追赶时,教练员发出第二个信号,让其后转身互换追赶。

要求:在20米内追上有效。

(2)起跑练习

目的:主要提高反应速度,发展腿部力量和加速能力。

方法:跑道上采用各种信号的起跑后接加速跑20~40米,做3~4组。

要求:对各种信号要迅速做出反应,并尽可能加快步频。

(3)给予信号加速跑

目的:提高反应速度,改善跑的节奏。

方法:在跑道上利用电子节奏模拟信号或击掌为信号,做30~60米的加速跑,以提高频率,做3~4组。

要求:动作频率跟上模拟信号或击掌信号频率。

(4)完整练习

目的:利用已经掌握的完整的单个或组合动作,尽可能快地对突然出现的信号或突然改变的信号做出应答反应,以提高反应能力。例如,反复完成蹲踞式起跑。这种信号反应的完整练习,在初级水平阶段作用比较明显。

(5)变换练习

目的:提高人体感受器的功能,缩短简单反应的时间,提高运动员练习积极性的同时,提高训练效果。

形式:① 改变刺激信号的接收形式,如由视觉接收的刺激信号改变成听觉、触觉的形式；② 改变应答反应的动作形式。

2. 动作速度

短跑运动员的动作速度主要受中枢神经系统兴奋与抑制的转换速度和神经肌肉协调性的影响。提高动作速度常用的方法有利用外界助力控制运动员的动作速度、减小外界自然条件的阻力（如顺风跑）、利用动作加速或利用器械重量变化而获得的后效作用发展动作速度、借助信号刺激提高动作速度等。

（1）仰卧快速伸腿

目的：发展肱二头肌、臀大肌等肌群快速力量。

方法：仰卧在跳箱上，双脚踝部捆住橡皮带，两腿分别做快速伸腿动作。

要求：10～15次为一组，做3～4组。

（2）原地负重大腿抬放练习

目的：发展腿部抬放的速度与力量。

方法：两腿踝部分别负1～3千克重的沙袋或橡皮条进行快速抬腿下放练习，30次为一组，做4～6组。

要求：尽可能加快大腿抬起与下放的速度。

（3）快速摆臂

目的：主要提高摆臂动作频率。改善步频，提高跑的速度。

方法：两腿前后分开约与肩同宽站立，按跑的技术规格在原地快速做10～15秒的前后摆臂动作练习，做3～4组。

要求：完成尽可能多的动作次数。

（4）快速推举

目的：可提高手臂快速力量，改善摆臂频率与步频。

方法：双手正握杠铃于胸前，连续快速跳步向上推举10～15次。

（5）利用助力练习

目的：利用外界自然条件和人为因素的助力发展动作速度。外界自然条件的助力就是指利用风的方向，如顺风跑；人为因素的助力包括了机械助力和人为助力。

（6）利用后效作用练习

目的：利用动作加速和器械重量变化而获得的后效作用来提高动作速度。例如，利用下坡跑可以获得加速的后效作用。

3.移动速度

短跑类项目的移动速度主要取决于步长和步频，但并不完全取决于步长和步频的对应关系。全程的动作频率和动作幅度状况的改善以及两者之间的合理组合能保证运动员获得更快的移动速度。一般提高动作频率的途径有提高中枢神经系统兴奋抑制转换的速度和增强肌肉的收缩力量与放松能力两种；加大动作幅度的途径有提高肌肉质量、改进动作技术和改善柔韧性三种；提高移动速度的基本途径有提高运动员力量和重复专项练习两种。

重复跑是提高移动速度最主要的手段。负荷强度采用90%～100%的大强度的各种形式跑或利用降低条件的反复跑训练使运动员机体动用ATP-CP能源物质，达到发展非乳酸供能的无氧能力。训练强度应是变化的，防止速度障碍。负荷量（持续时间）6～15秒。练习重复次数可以多，但必须以不降低训练强度为原则，如4～5次，练习组数视运动员的具体情况而定，水平高者多些，水平低者少些。

（1）加速跑

目的：主要发展运动员加速能力，提高跑的速度。

方法：在跑道上站立式起跑开始向前跑进，逐渐加快频率和加大步幅至最大速度，30～80米为一组。做3～4组。

要求：两臂前后摆动配合腿部动作。

（2）追逐跑

目的：主要发展运动员的加速能力和最大速度。

方法：两人一组，可采用先后出发、错位出发进行追人、追球、接力和游戏等形式进行20～40米的追逐跑。做3～4组。

要求：在规定距离尽可能达到最大速度。

（3）行进间跑

目的：主要发展运动员绝对速度和保持速度能力。

方法：在跑道上以站立式起跑开始，逐渐加速至最大速度。然后用最大速度做20～40米行进间计时跑。做3～4组。

要求：逐渐加速应自然、协调至最大速度。

（4）重复跑

目的：用以改进短跑技术，强化跑的节奏，发展速度能力。

方法：在跑道上进行60～100米的重复计时跑。

要求：动作自然放松，步幅开阔，做3～4组。

（5）下坡跑

目的：提高步频，改善跑的节奏。

方法：在坡度3～5度的斜坡跑道上，进行50～60米的下坡练习，最好能在下坡跑后接着转入20～30米的平地练习，做4～6组，发展跑的速度。顺风跑、高速牵引跑也有同样作用。

要求：在由斜坡进入平地时注意动作的节奏应衔接自然。

（6）跑格练习

目的：该练习既可以提高快速伸髋能力，改善跑的节奏，提高步频；同时也可以增大间距以提高步幅。

方法：在跑道上摆10～20个海绵块，间隔1.5～2米（根据运动员的步长和要求放置），快速跑过每个海绵块。做3～4组。

三、中长跑类项目的速度训练分析

速度耐力是长时间维持一定较高速度水平的能力，最大速度是指在一定距离内最快的位移速度，运动员最大速度的水平是战术安排和比赛最后阶段决定胜负的关键，但是最大速度素质不是中长跑项目的决定因素。因此，运动员速度的提高必须与影响速度耐力水平提高的其他因素同时协调发展。单一地提高最大速度的速度训练，与短跑运动员的速度训练一样，可能获得最大速度的提高，但其速度转化为速度耐力的比例很小。中长跑运动员既需要非乳酸无氧代谢供能的训练，也需要糖酵解无氧代谢供能训练，这两种供能方式的同时改善才能促进速度耐力水平的提高。

发展非乳酸的速度能力是耐力项目的特殊需要,是在机体处在一定量乳酸堆积的条件下发展运动员的最大速度。实践中,教练员一般安排在专项训练负荷后待运动员体内乳酸含量尚未恢复时,全力进行最大速度的训练。如越野跑后,选用200米左右距离的间歇跑。中长跑运动员发展速度素质一般采用接近专项、短于专项、大强度的竞走练习,主要采用短距离的重复跑、加速跑、行进间跑和变速跑等。

中长跑运动员的速度素质对提高专项成绩至关重要,尤其是高速跑能力与冲刺跑能力。在比赛中速度素质决定了运动员成绩的好坏。因此,运动员要加强速度能力方面的训练。提高高速跑及冲刺跑能力的训练手段有以下几种。

1. 重复跑练习

随着中长跑成绩的提高,运动中肌肉工作的时间减少,而在单位时间内工作强度加大,因此运动能量供应随之产生变化,以适应肌肉工作的需要,例如800米跑是2分钟内(优秀运动员)完成的最大强度运动,主要依靠无氧代谢供能,要提高成绩必须尽可能地减少供能速度慢的有氧供能比例,发展无氧供能的能力,特别是乳酸供能能力。

运动生理学表明,在快速跑300～500米,特别是400米的段落后,血乳酸的含量较高。在比赛途中加速冲跑,会在体内造成大量乳酸堆积,进而破坏机体内的碱贮备平衡,使pH酸碱度降低,这将大大影响各种酶的活性,从而引起组织细胞的新陈代谢、兴奋性及各种生理机能紊乱,造成酸中毒。对于平时无针对性的专门训练、耐酸能力低下的运动员,其破坏作用尤为明显,会使人体出现呼吸急促、两腿酸沉的不良反应。因此,欲取得好成绩,需要进行耐酸训练,即在乳酸大量堆积的情况下,仍要保持相当距离的高速跑;其次,需要进行变速跑、加速跑训练,即在匀速跑途中突然加速冲跑,然后再保持高速跑,而不能减速。要提高这方面的能力,可以采用重复跑练习，一般选择短于专项训练的距离。

2.变速跑练习

采用变速跑练习，快跑段一般为400～1000米。变速的次数，则根据具体情况（如任务、场地条件、队员的身体情况）而定，一般在5次以上。快跑段落的总距离也可以适当加长些，但也不应超过太多。

3.短跑能力训练

在高速跑能力训练的同时，加速跑能力的提高不容忽视，可以进行以下短跑能力训练。3×60米大幅度地快跑，休息时慢跑返回；3×60米慢跑开始逐渐加速，最后10米时达到最高速度，休息时慢跑返回；3×60米高抬腿跑，也可由30米逐渐增加到60米，休息时慢跑返回；3×60米跳跃快速跑，休息时慢跑返回；3×60米变速跑，20米跳跃、20米慢跑、再20米跳跃，休息时慢跑返回；3×60米起跑快速跑练习，休息时慢跑返回。

第二节　跳跃速度素质训练

跳跃运动员的速度主要体现在助跑和动作中，运动员必须具备在短距离中发挥出高速度的能力和专项所需要的特殊节奏，还要求运动员在短暂的起跳时间内和在很快的水平速度中爆发性地发挥出尽可能大的力量，这种对爆发力的要求与其他项目有明显区别，即对运动员的助跑速度、起跳时肌肉收缩的动作速度要求较高。因此，训练的主要任务是提高绝对速度和动作速度以及使二者有机结合。在此基础上完善快速、准确的助跑是跳跃运动员速度训练的主要任务。

另外，上肢力量和技术动作对跑速的影响是不容忽视的。跑是上下肢协调配合的周期性运动，因此摆臂动作的质量（摆动方向、力量、速度以及频率）对腿的动作质量有很大影响。

一、发展位移速度

跳跃运动员的速度训练可以参考短跑运动员的速度训练,以发展和提高步频为主,并与掌握正确的技术紧密结合,可采用如起跑、行进间最大速度跑、借助外力跑、加快步频跑、加大步幅跑等进行速度训练。但要注意将运动员平跑位移速度紧密地和跳跃类项目的起跳等衔接起来。由于助跑距离的原因,运动员助跑既要快,又要有极高的准确性。

运动员助跑既要发挥出高速度,而且还要有充沛的体力以便在高速中有力地完成起跳,因此训练中更重要的是发展运动员在较短距离内快速加速、发挥出最高速度的能力。不同项目助跑要有所不同,应注意速度节奏的训练,以体现跳跃项目速度的特点。

跳远、三级跳远项目可在跑道上或跳跃助跑道上,采用比赛的助跑距离、助跑节奏做助跑练习。长距离的助跑练习,助跑距离比正常的助跑距离至少长10米,且不需从起跳板起跳。它可以让运动员集中精力做快速起跳,因为运动员在长距离助跑末端的冲刺比正常的助跑距离末端冲刺快得多,对加快起跳极为有利。跳高项目可利用不同半径的圆圈跑,直线进入弧线跑和弯道节奏跑等进行助跑练习。如前30米逐渐加速,后10米加快频率的跑。撑竿跳高项目可通过持竿与不持竿的助跑、持竿的助跑插穴起跳、下坡持竿助跑和持竿助跑插穴起跳等练习培养运动员的助跑起跳能力。

二、发展动作速度的助跑起跳能力

动作速度是指完成单个动作时间的长短,主要取决于由肌纤维类型的百分组成及其面积、肌肉力量、肌肉组织的兴奋性和运动条件反射的巩固程度等因素。应注意将提高动作速度与掌握和保持正确的技术动作紧密地结合在一起。专门性的动作速度训练应与专项比赛动作要求相一致,快速重复各个项目的各种专项练习,发展专项所需部位的肌肉力量。一般可采用徒手或轻器械的各种专项练习、加助力的专项练习。动作速度训练中，练习的持续时间一般不宜过长。练习与练习之间的间歇由练习强度决定。

三、提高跳跃项目的助跑速度和准确性

助跑在水平跳跃项目中起着重要作用，下面对助跑长度、助跑速度和助跑准确性进行简单的阐述。

1. 助跑长度

运动员经常采用不合理的助跑长度（或长或短）。助跑距离过长会使最大速度在起跳前受到损失；助跑距离过短又使潜在的最大速度在起跳前不能充分发挥。一般来讲，助跑速度如果提高0.1米/秒，则起跳前的助跑距离就应该增加2%。

助跑距离应根据运动员的身体特征、准备水平和加速能力而定。

在训练课中，可根据运动员练习形式、场地状况和风速改变助跑距离的长度。通常情况下，逆风时助跑距离应缩短30～50厘米；而顺风时，助跑距离应增加20～40厘米，最重要的是，比赛和训练时的助跑距离应该经常用皮尺进行精确的丈量。

2. 助跑速度

尽管助跑在水平跳跃项目中起着至关重要的作用，但仍有很多运动员在重大比赛中的助跑存在不足之处。教练员和运动员在训练中应对助跑的问题高度重视。助跑节奏的提高通常是在增加助跑速度和步幅长度并伴随重复练习后获得的。其中最重要的是，在助跑的最后几步中应正确分配力量和步幅，为起跳做好准备。

其他提高助跑能力的适宜练习包括：① 在正常助跑中增加2～4步并以正确节奏重复练习；② 在正确节奏中借助风力练习助跑；③ 在倾斜的坡道上（1～2度）练习，同时最后4～6步在平坦的场地上进行练习；④ 以蹲踞式冲刺跑18～24步；⑤ 用3步或5步的节奏跨越低栏。

在发展助跑速度方面，最有效的速度练习有：① 站立模仿臂部动作，练习速度逐渐增至最大；② 靠墙站立模仿冲刺跑时腿部动

作，练习速度逐渐增至最大；③ 练习各种跳跃包括纵跳、快速单腿跳和快速分腿跳；④ 肩部负重走或跑，随后迅速去掉负荷，体验突然的轻松感。

重要的是，全程助跑需要不断地修正和改进才能达到理想的效果，教练员可以在助跑开始后的第6步和起跳前的6步做标记来帮助运动员进行练习。由于快速助跑决定着跳跃距离的远近，因此，接近踏板时的动作是至关重要的，毕竟运动员在起跳前希望达到最大速度。

3. 助跑的准确性

提高助跑的准确性、稳定性的方法有：① 使用简单、固定的助跑开始姿势；② 使用标记控制最后6步助跑长度；③ 注意外部因素，即根据风向、风力和比赛时场地状况作必要的变化；④ 比赛和训练都应该注重全程助跑；⑤ 赛前和每次跳前使用想象来模拟助跑时力量和节奏的分配。经验、动作感知、自信和对外部条件的观察在赛前训练中都有助于调整助跑长度。建议在比赛中的第一跳缩短助跑距离 10～15 米以增加自信心，所有这些调整都应是自然的、符合个人需要的，同时运动员要以日常训练和比赛时的经验作为辅助。

四、速度训练与弹跳力训练相结合

速度和弹跳力是影响跳跃项目成绩的两个重要因素。发展速度和弹跳力训练的方法有很多种，按照运动员的训练阶段、竞技水平、项目要求及个人特点等因素的差异，科学、合理地将速度训练和弹跳力训练有机结合，能有效地提高运动员的竞技能力。

1. 快速蛙跳

蛙跳是发展大腿肌肉和髋关节力量的练习。做蛙跳时，两脚分开成半蹲，上体稍微前倾，两臂在体后成预备姿势。两腿用力蹬伸，充分伸直髋、膝、踝三个关节，同时两臂迅速前摆，身体向前上方跳起，然后用全脚掌落地屈膝缓冲，两臂摆成预备姿势。快速蛙跳的练习需要强调速度，速度越快越好。

2.跳深

在一定高度上从静止状态跳下，下肢在重力和惯性的作用下迅速蹬伸，完成踏跳动作，使人体腾空。生理学家认为：肌肉在离心收缩后紧接着做向心收缩表现出来的力量远远超过单纯的向心收缩表现出来的力量，它不仅能够发展跳跃力量，还可以加速起跳阶段的动作速度。

第三节　投掷速度素质训练

速度训练主要针对位移速度和动作速度，一般采用短跑、跳跃和快速投掷等练习，这些练习可帮助运动员发展将力传到器械上去的速度。在短跑和跳跃的练习中，可以增强膝和髋部肌肉的爆发力，并提供同样的弹性动作，使之在投掷中应用。

一、发展位移速度

发展运动员位移速度一般采用短跑练习、各种跳跃练习以及各种加速跑、冲刺跑、牵引跑、侧向和向后快速移动身体的练习等，距离和重复次数随运动员具体情况而定。但由于不同的投掷项目，身体的位移形式也不同，有直线助跑位移、滑步位移、旋转位移，因此发展位移速度的方法和手段也不同，如铅球主要采用连续滑步练习、脚或小腿负沙袋的滑步练习、各种滑步结合最后用力地专项练习、滑步推轻铅球练习。标枪主要采用持枪或不持枪的连续交叉步练习，如2～3步助跑掷标枪、5步及以上的助跑掷标枪和各种不同距离的持枪助跑练习等。铁饼和链球主要采用不同速度的徒手或持铁饼或链球的旋转练习、持各种物体的旋转练习等。

二、发展动作速度

提高动作速度应与掌握和保持正确的技术动作紧密地结合在一起。专项性的动作速度训练与专项比赛动作要求相一致。动作速度的快慢主要取决于中枢神经系统的功能及该部位运动肌肉力量的大小，在训练中则需相应地采用不同手段提高运动员的动作速度。大强度的重复训练法是提高运动员动作速度的最主要的训练方法。

提高专项速度能力可以通过徒手和采用各种轻器械的快速动作的练习，以及上述所有的最大力量和速度力量的训练方法和手段。

教练员常采用利用外界助力帮助运动员提高动作速度，如帮助运动员前送髋关节。在使用助力手段时，必须掌握好助力的时机及用力的大小，同时还应让运动员很好地感觉助力的时间及大小，以便使他们能及早地独立达到动作速度的要求。另外，可利用动作加速或利用器械重量变化而获得的后效作用发展动作速度。投掷轻器械练习和快速技术动作练习可以诱发运动员的先天速度能力，如可以采用快速转投掷轻器械、快速连续旋转、快速行进间髋练习、快速出手和鞭打动作的练习等。

三、发展力量速度

1.力量训练时要强调速度

绝对力量训练能加强人体"力量区"的大肌肉群的力量，这些大肌肉群对于运动员完成动作发挥着重要的作用，其中上体肌对于投掷运动员尤为重要，上体肌包括了背肌、斜方肌、胸大肌、三头肌、肱三头肌和腕部肌。这些肌肉的力量练习包括半蹲起、硬举和推举，它们对于增强投掷运动员的肌肉力量起着重要作用；辅助的力量练习包括直推举、膝关节微屈、腿屈伸、背伸和各种载体动作（如斜板收腹、侧屈体和坐姿负重转体等）。

投掷运动员在进行上体肌的力量练习时，一定要以速度为核心。比如，在卧推杠铃或35～40度的斜板卧推杠铃的同时进行胸大肌练习时，一定要遵循"慢下快起"原则，强调动作速度。

2.加强手腕和手指肌群的力量练习

手腕和手指肌群的力量练习是铅球运动员不容忽视的力量练习，因为没有有力的手腕和手指就不会在最后出手瞬间形成有力拨球，创造最高出手速度。练习方法主要有：卷腕练习、腕屈伸练习、指卧撑练习等。

3.结合原地正推铅球技术进行出手速度练习

（1）采用轻器械进行投掷练习，一方面可以改进投掷技术，另一方面可以培养推铅球出手动作的速度感。

（2）运动过程中进行投掷练习，如助跑推铅球或实心球等器械，以更快的速度完成推球动作，提高快速出球能力。

（3）信号刺激，在进行投掷练习时，教练员可以通过语言或掌声进行刺激，能促使运动员加快动作速度，以达到快速出手的效果。

（4）在进行绝对力量训练中，不要忽视小肌肉群的训练，要把大、小肌群，屈、伸肌群的训练相互结合起来进行，以充分体现速度-力量素质。

第五章
田径柔韧素质训练

柔韧素质是田径运动员的基础素质之一，它是指跨过关节的肌肉、肌腱、韧带等软组织的伸展能力及弹性，即关节活动幅度和范围的大小。柔韧素质可以分为一般柔韧素质和专项柔韧素质。由于田径运动各项目或各个动作对人体主要关节活动范围有不同程度的要求，所以我们常把人体最主要关节的活动能力视为一般柔韧素质；专门柔韧素质是专项运动所需要的特殊柔韧素质。影响柔韧素质的因素有关节类型和结构，关节周围的肌肉厚度和强度、年龄、性别、体温和肌肉温度、肌肉力量、健康状况以及疲劳、情绪和心理唤醒水平等因素。系统地提高或保持柔韧素质，对于改进技术质量、提高运动成绩和预防运动损伤具有重要作用，是田径运动训练过程中必不可少的组成部分。

田径运动员的柔韧素质训练，在多数情况下是多种练习方法的类型和方式的综合应用。

柔韧训练的基本要求可以有以下几个方面。

（1）负荷强度　逐步增加负荷强度，练习时不可用力过大、过猛。训练强度过大,会造成练习者精神和肌肉紧张,必然会影响伸展能力,导致肌肉、肌腱和韧带等软组织损伤。长时间、中强度拉力练习所产生的柔韧效果优于短时间、大强度的练习效果。

(2)负荷量　柔韧训练中应根据不同关节活动范围的需要来确定发展柔韧性阶段和保持柔韧性阶段练习的重复次数。柔韧练习的重复次数还取决于练习者的年龄和性别。少年练习者在一次课中练习的重复次数应比成年练习者少,女性练习者练习的重复次数应比男性练习者少。每个练习达到最大拉伸状态的持续时间可保持10秒左右,动作时间也可稍长。

(3)间歇时间　基本原则应该是保证练习者在完全恢复的情况下再进行下一组练习。恢复与否可根据练习者的自我感觉来确定,当其感觉已恢复并准备好做下组练习时便可以开始。此外,练习间歇时间还与练习的部位有关,做躯干弯曲动作后就应比做踝关节伸展动作后的休息时间要长。在间歇休息时间可安排一些肌肉放松练习或进行按摩等。这样做能为下次练习加大关节活动幅度创造有利条件,使训练达到更好的效果。

(4)动作要求　一是要求逐渐加大动作幅度,使肌肉、肌腱、韧带等尽量被拉长;二是充分使肌肉被渐渐地拉长。柔韧练习在动作的速度上,一是用缓慢的速度拉伸肌肉,二是用较快的速度拉伸肌肉。由于在训练时多用缓慢速度拉伸肌肉,而比赛中多是以急剧的方式拉伸肌肉,故在保持柔韧素质阶段可以用一些速度较快的练习,以适应比赛需要。

第一节　走跑柔韧素质训练

一、脚和踝

1.脚趾下部拉伸

目的:拉伸脚掌和脚趾下部。

方法：① 两脚前后开立，前面腿微屈膝，脚趾下部支撑在地面，双手放在前面腿的大腿上。② 吸气，逐渐把体重移到前面腿的脚掌上，并缓慢下压。双脚轮流练习。

要求：动作幅度尽量大，每个动作保持10秒左右。

2.脚趾下部和小腿后部拉伸

目的：拉伸脚趾下部、脚掌和小腿后部。

方法：① 面对墙站立，双脚相距约50厘米前后开立，前脚距墙约50厘米。② 双手扶墙，身体向墙倾斜。后脚正对墙，脚跟贴地。③ 呼气，挺起后脚的脚跟，将体重移到后脚的脚掌上，并下压。双脚轮流练习。

要求：动作幅度尽量大，每个动作保持10秒左右。

二、小腿

1.靠墙滑动踝内翻

目的：拉伸小腿前部和外侧。

方法：① 背靠墙站立，双手叉腰，上体逐渐前倾，同时双脚向前滑动的过程中踝关节和脚掌内翻。② 呼气，髋关节前屈。重复练习。

要求：动作幅度尽量大，动作结束保持10秒左右。

2.扶柱屈髋

目的：拉伸小腿前部和外侧。

方法：① 面对柱子双手握住，两脚左右开立并且脚尖尽量内扣。② 呼气，屈髋并后移髋关节，双腿与躯干形成45度。

要求：动作幅度尽量大，保持10秒左右。

3.跪拉脚趾

目的：拉伸小腿前部和外侧。

方法：① 跪下，脚趾向后，坐在脚跟上，用一只手抓住脚趾前部向上拉引。② 双脚轮流练习。

要求：① 动作幅度尽量大，动作保持10秒左右。② 如果膝关节受伤，不能做这个练习。

三、大腿后部

1. 坐压腿

目的：拉伸大腿后部。

方法：① 双腿分开坐在地面上，一条腿屈膝，脚跟接触伸展腿的内侧。② 呼气，上体前倾贴近伸展腿大腿的上部。重复练习。

要求：① 伸展腿膝部和背部保持伸直。② 动作幅度尽量大，保持10秒左右。

2. 长凳坐压腿

目的：拉伸大腿后部。

方法：① 坐在长凳上，一条腿伸膝放在凳上，另一条腿支撑。双手头后交叉。② 呼气，上体前倾贴近凳上伸展腿的大腿上部。重复练习。

要求：① 伸展腿膝部和背部保持伸直，肘关节上提。② 动作幅度尽量大，保持在10秒左右。

3. 仰卧拉引

目的：拉伸大腿后部。

方法：① 仰卧屈膝，脚跟靠近臀部。吸气，一条腿向上伸膝。② 呼气，将在空中伸展的腿缓慢地向头部拉引。

要求：① 被拉引的腿始终保持膝关节伸展。② 动作幅度尽量大，保持10秒左右。

四、大腿内侧

1. 顶墙坐拉引

目的：拉伸大腿内侧。

方法：① 臀部顶墙坐在地面，双腿体前屈膝展开，两脚掌相对。② 双手握住双脚脚掌，尽量向腹股沟方向拉。呼气，上体缓慢直背前倾。

要求：动作幅度尽量大，试图将胸部贴在地面，动作保持10秒左右。

2. 直膝分腿坐压腿

目的：拉伸大腿内侧。

方法：① 双腿尽量左右分开，坐在地面上，双手体前扶地。呼气，转体，上体前倾贴在一条腿上，双手扶在身体前倾一侧腿的踝关节前部。② 交换腿拉伸，重复练习。

要求：充分伸展双腿和腰部。动作幅度尽量大，保持10秒左右。

3. 青蛙伏地

目的：拉伸大腿内侧。

方法：① 分腿跪地，脚趾指向身体两侧，前臂向前以肘关节支撑地面。② 呼气，继续向身体两侧分腿，同时向前伸双臂，胸和上臂完全贴在地上。

要求：动作幅度尽量大，保持10秒左右。

五、大腿前部

1. 扶墙上拉脚

目的：拉伸大腿前部。

方法：① 一只手扶墙站立，一条腿屈膝，使脚跟靠近臀部。② 呼气，另一只手抓住屈膝腿的脚背，吸气，缓慢向臀部方向提拉。

要求：动作幅度尽量大，保持10秒左右。两条腿轮流练习。

2. 台上仰卧拉引

目的：拉伸大腿前部。

方法：① 躺在台子边缘，台子内侧的腿屈膝，脚靠近臀部帮助固定髋关节。② 台子内侧手抓住台子内侧腿的膝关节下部。③ 呼气，在髋关节处从台子上移下外侧腿。④ 台子外侧手抓住外侧腿踝关节或脚，缓慢向臀部方向拉引。换腿重复练习。

要求：动作幅度尽量大，保持10秒左右。

3．垫上仰卧拉引

目的：拉伸大腿前部。

方法：① 臀部坐在跪着的脚上，后倒身体直到背部平躺在垫上，脚跟在大腿内侧，脚尖向后。② 双手屈肘，垫在头下。重复练习。

要求：动作幅度尽量大，保持10秒左右。

六、髋部和臀部

1．台上侧卧拉引

目的：拉伸髋部外侧。

方法：① 侧卧在台边缘，双腿伸展。② 呼气，上部的腿直膝分腿后移，与下部的腿交叉悬在空中。换腿重复练习。

要求：动作幅度尽量大，保持10秒左右。

2．坐立反向转体

目的：拉伸髋部和臀部。

方法：① 坐在地上，双腿伸直，双手在身后支撑。② 两腿交叉，右脚放在左腿外侧，右腿屈膝使脚跟向臀部方向滑动回收。③ 呼气，转体，头转向身体右侧。④ 继续转体，使左臂的肘关节顶在屈膝右腿的外侧，并缓慢推动屈膝右腿。换腿重复练习。

要求：动作幅度尽量大，保持10秒左右。

3．垫上前后分腿

目的：拉伸髋部和臀部。

方法：① 坐在垫上，双腿体前伸展，双手在髋两侧支撑。② 右大腿外展，屈膝，右脚接触左腿膝部。吸气，双臂撑起身体。③ 左腿移向身后伸展，大腿、膝盖、小腿和脚背接触垫子。④ 呼气，下压左腿。换腿重复练习。

要求：动作幅度尽量大，保持10秒左右。

七、腰部和腹部

1.跪立背弓

目的：拉伸腹部和大腿前部。

方法：① 在垫上跪立，脚尖向后。双手扶在臀上部，上体后仰，臀部肌肉收缩。② 呼气，加大动作幅度，逐渐把双手滑向脚跟。重复练习。

要求：动作幅度尽量大，保持10秒左右。

2.俯卧背弓

目的：拉伸腹部大腿前部。

方法：① 俯卧在垫上，双腿上翘。吸气，双手抓住双踝。② 臀部肌肉收缩，提起胸部和双膝离开垫子。重复练习。

要求：动作幅度尽量大，保持10秒左右。

八、背部

1.站立伸背

目的：拉伸背部和肩部。

方法：① 双脚左右开立，双手扶在栏杆上，略高于头，上体前倾至与地面平行。② 四肢保持伸直，屈膝。呼气，上体下压，使背部下凹形成背弓。

要求：动作幅度尽量大。

2.坐立拉背

目的：拉伸背部。

方法：① 坐立，双膝微屈，胸贴在大腿上部，双手抱腿，肘关节在膝关节下面。② 呼气，上体前倾，双臂固定在大腿上向前下拉背，双脚保持与地面接触。

要求：动作幅度尽量大，保持10秒左右。

九、颈部

1.仰卧前拉头

目的：前拉颈部。

方法：屈膝仰卧，双手在头后交叉。肩胛部位贴在地面上。呼气，肩和上臂发力向胸部方向拉头部。

要求：动作幅度尽量大，保持10秒左右。

2.前拉头

目的：前拉颈部。

方法：站立或坐立，双手在头后交叉。呼气，双肩下压，向胸部方向拉下去接触胸部。

要求：动作幅度尽量大，保持10秒左右。

十、胸部

1.跪拉胸

目的：拉伸胸部。

方法：① 跪在地面，身体前倾，双臂前臂交叉高于头部放在40～60厘米高的台子上。② 呼气，尽量下沉头部和胸部。重复练习。

要求：动作幅度尽量大，保持10秒左右。

2.屈臂开门拉胸

目的：拉伸胸部。

方法：① 在门框内，双脚前后开立，双臂肘关节外展到肩的高度。② 双臂前臂向上，掌心扶门框。呼气，身体前倾拉伸胸部。重复练习。

要求：① 动作幅度尽量大，保持10秒左右。② 也可以将双臂继续提高，拉伸胸下部。

十一、肩部

1.背向压肩

目的：拉伸肩部。

方法：① 背对墙站立，双臂向后抬起，尽量与肩同高，直臂扶墙，手指向上。② 呼气，屈膝降低肩部高度。重复练习。

要求：动作幅度尽量大，保持10秒左右。

2.向内拉肩

目的：拉伸肩外侧。

方法：① 站立或坐立，一臂抬起屈肘，肘与肩平，与另一只臂交叉。② 另一只臂抬起至肩部高度，抓住对侧肘关节，呼气，向身体对侧拉。换臂重复练习。

要求：动作幅度尽量大，保持10秒左右。

十二、臂部和腕部

1.背后拉毛巾

目的：拉伸臂部。

方法：① 站立或坐立，两臂屈肘，一只臂肘关节在头侧，另一只臂肘关节在腰背部。② 吸气，双手握一条毛巾，两手逐渐靠近。两臂交换位置重复练习。

要求：动作幅度尽量大，保持10秒左右。

2.向内旋腕

目的：拉伸腕部。

方法：① 站立，双臂向前伸直。② 呼气，尽量内旋双手手腕，双手分离。重复练习。

要求：动作幅度尽量大，保持10秒左右。

第二节　跳跃柔韧素质训练

一、脚和踝

同"走跑柔韧素质训练"的内容。

二、小腿

1.仰卧足内翻

目的：拉伸小腿外侧和外踝。

方法：仰卧，臀部靠墙，双腿向上伸展分开。呼气，双脚尖内扣。

要求：动作幅度尽量大，保持10秒左右。

2. 体前屈足背屈

目的：拉伸小腿后部。

方法：① 两脚相距约30厘米前后开立，前脚脚尖抬起，脚跟支撑地面。② 呼气，体前屈，力图双手触摸前脚，胸部贴在腿上。换腿重复练习。

要求：双腿膝关节保持伸直，动作幅度尽量大，保持10秒左右。

三、大腿后部

1. 仰卧拉伸

目的：拉伸大腿后部。

方法：① 仰卧，直膝抬起一条腿，固定骨盆水平姿势。② 同伴帮助固定地面腿保持直膝，并且帮助继续前压腿。

要求：在同伴帮助下继续提腿时呼气，动作幅度尽量大，保持10秒左右。

2. 站立拉伸

目的：拉伸大腿后部。

方法：① 背贴墙站立，吸气，直膝抬起一条腿。② 同伴用双手抓住踝关节上部，帮助腿上举。

要求：同伴帮助上举腿时练习者呼气，动作幅度尽量大，保持10秒左右。

四、大腿内侧

1. 跪撑侧分腿

目的：拉伸大腿内侧。

方法：① 双腿跪立，脚趾指向后方，双手直臂撑地。② 一条腿侧伸，呼气，双臂屈肘，降下跪撑腿的髋部至地面，并向外侧转髋。

要求：动作幅度尽量大，保持10秒左右。双腿交替练习。

2.体侧屈压腿

目的：拉伸大腿内侧。

方法：① 侧对与髋同高的台子站立，将一只脚放在台子上。② 双手在头上交叉，呼气，向台子方向行体侧屈。

要求：动作幅度尽量大，保持10秒左右。双腿交替练习。

五、大腿前部

1.坐立后仰腿折叠

目的：拉伸大腿前部。

方法：① 坐立，一条腿向内屈膝折叠，大腿和膝内侧接触地面，脚尖向后。② 呼气，身体后仰，先用两前臂和肘关节支撑上体，最后平躺在地面上。

要求：动作幅度尽量大，保持10秒左右。双腿交替练习。

2.台上平卧拉引

目的：拉伸大腿前部。

方法：① 平卧躺在台子边缘，呼气，在髋关节处从台子上移下外侧腿。② 外侧手抓住外侧腿踝关节或脚，缓慢向臀部方向拉引。换腿重复练习。

要求：动作幅度尽量大，保持10秒左右。

六、髋部和臀部

1.仰卧髋臀拉伸

目的：拉伸髋部和臀部。

方法：① 平卧躺在台子边缘，髋外移，使外侧腿悬垂。② 吸气，内侧腿屈膝，用双手抱膝缓慢拉向胸部。

要求：动作幅度尽量大，保持10秒左右。

2.弓箭步压髋

目的：拉伸髋部。

方法：① 弓箭步站立，前面腿膝关节成90度，后面腿脚背触地，脚尖向后，双手叉腰。② 屈膝降低重心，后面腿的膝部触地。呼气，下压后面腿髋部。换腿重复练习。

要求：动作幅度尽量大，保持10秒左右。

七、腰部和腹部

1.上体俯卧撑起

目的：拉伸腹部。

方法：① 俯卧，双手在髋两侧撑地。② 呼气，双臂伸直撑起上体，头后仰，形成背弓。重复练习。

要求：动作幅度尽量大，保持10秒左右。

2.倒立屈髋

目的：拉伸腰部。

方法：① 身体仰卧，举腿成垂直倒立，头后部、肩部和上臂支撑体重，双手扶腰。② 呼气，双腿并拢，直膝，双脚缓慢前移或至接触地面。重复练习。

要求：动作保持10秒左右。

八、背部

同"走跑柔韧素质训练"的内容。

九、颈部

1.团身颈拉伸

目的：拉伸颈后部、腰背部和臀部。

方法：① 身体出仰卧姿势开始，举腿团身，头后部和肩部支撑体重，双手膝后抱腿。② 呼气，向胸部拉大腿，双膝和小腿前部接触地面。重复练习。

要求：动作保持10秒左右。

2.持哑铃颈拉伸

目的：拉伸颈侧部。

方法：① 双脚并拢站立，右手持哑铃使肩部尽量下沉。左手经过头顶扶在头右侧。② 呼气，左手向左侧拉头部，使头左侧贴在左肩上。另侧做同样练习。

要求：动作缓慢进行，保持10秒左右。

十、胸部

1.座椅胸拉伸

目的：拉伸胸部。

方法：① 坐在椅子上，双手头后交叉，背靠在椅背上。② 吸气，双臂后移，躯干上部后仰，拉伸胸部。

要求：动作缓慢进行，保持10秒左右。

2.直臂开门拉胸

目的：拉伸胸下部肌群。

方法：① 在一扇打开的门框内，双脚前后开立，双臂向斜上方伸直顶在门框和墙壁上。② 双手掌心对墙。呼气，身体前倾拉伸胸部。重复练习。

要求：动作幅度尽量大，保持10秒左右。

十一、肩部

1.助力转肩

目的：拉伸肩前部。

方法：一只臂屈肘90度侧举，同伴帮助固定肘关节，向后推手腕。换臂重复练习。

要求：动作幅度尽量大，保持10秒左右。

2.助力顶肩

目的：拉伸肩部。

方法：① 跪立，双臂上举，双手在同伴颈后交叉。② 同伴手扶在髋部与练习者肩胛接触，双脚左右开立站在练习者身后。③ 同伴身体后仰，用髋部向前上方顶练习者肩胛部位。重复练习。
要求：动作幅度尽量大，保持10秒左右。

十二、臂部和腕部

1. 上臂颈后拉

目的：拉伸上臂后部和肩部。
方法：① 站立或坐立，左臂屈肘上举至头后，左肘关节在头侧，左手下垂至肩胛处。② 右臂屈肘上举，右手在头后部抓住左臂肘关节。③ 呼气，在头后部向右拉左臂肘关节。换臂重复练习。
要求：动作幅度尽量大，保持10秒左右。

2. 跪撑正压腕部

目的：拉伸腕部。
方法：① 双膝和双臂直臂撑地，双手间距约与肩同宽，手指向前。② 呼气，身体重心向前移。恢复开始姿势，重复练习。
要求：动作幅度尽量大，保持10秒左右。

第三节　投掷柔韧素质训练

一、脚和踝

同"走跑柔韧素质训练"的内容。

二、小腿

1. 分腿坐拉小腿

目的：拉伸小腿后部和外侧。
方法：① 分腿、直膝坐在地面，双手抓住脚掌，身体前倾。② 呼气，向髋方向拉脚趾，同时内翻踝关节。

要求：动作幅度尽量大，保持10秒左右。

2.交叉腿坐毛巾拉小腿

目的：拉伸小腿后部。

方法：① 右腿伸直，左腿压在右腿上，将毛巾套住右脚掌，双手握毛巾两端。② 呼气，双手向躯干方向拉毛巾。换腿重复练习。

要求：动作幅度尽量大，保持10秒左右。

三、大腿后部

同"走跑柔韧素质训练"的内容。

四、大腿内侧

1.分腿坐体侧屈

目的：拉伸大腿内侧。

方法：① 直膝，大幅度向体侧分腿坐在地上，左臂贴近髋前部，右臂头上伸展。上体侧倒压腿。② 呼气，上体尽量从髋部向左倾侧屈。再向右侧重复练习。

要求：动作幅度尽量大，保持10秒左右。

2.肋木大腿滑拉

目的：拉伸大腿内侧。

方法：① 双手扶肋木，一只脚放在肋木上，另一只脚在地面支撑。② 呼气，将在地面支撑体重的脚向远离肋木的方向滑动，至最大限度。

要求：动作幅度尽量大，保持10秒左右。双腿交替练习。

五、大腿前部

1.分腿拉脚

目的：拉伸大腿前部。

方法：① 前后分腿，右腿在前屈膝约90度支撑，左腿在后以膝关节支撑，右手扶地。② 上体前倾，左手在身后抓住左脚，向臀部方向拉。双腿交替练习。

要求：保持拉伸腿的髋、膝、踝和脚在前后方向上成一直线。动作幅度尽量大，保持10秒左右。

2.坐压脚

目的：拉伸大腿前部。

方法：跪在地面，脚趾向后。呼气，坐在双脚的脚跟上。

要求：保持10秒左右，放松后重复练习。如果膝关节受伤，则不能采用此练习。

六、髋部和臀部

1.仰卧转压腿

目的：拉伸髋部。

方法：① 仰卧，双腿伸展，左腿屈膝提至胸部，用右手扶住左膝外侧。左臂向左侧伸展。② 呼气，用右手横向将左膝压至身体右侧地面。双腿交替练习。

要求：保持头、双肩、肘接触地面。动作幅度尽量大，保持10秒左右。

2.仰卧交叉腿屈髋

目的：拉伸臀部。

方法：① 仰卧，左腿压在右腿上，双手交叉放头后部。② 呼气，右腿屈膝，并提起右脚离地。缓慢向头部方向推动左腿。双腿交替。

要求：保持头、双肩和背部接触地面。动作幅度尽量大，保持10秒左右。

七、腰部和腹部

1.助力腰腹侧屈

目的：拉伸腰腹两侧。

方法：① 双脚左右开立，一只臂自然下垂，另一只臂上举在头上部屈肘。② 同伴一只手帮助固定髋部，另一只手抓住上举臂的肘部。③ 呼气，同伴帮助向下垂臂一侧屈上体。改变方向重复练习。

要求：动作幅度尽量大，保持10秒左右。

2.俯卧转腰

目的：拉伸腰部两侧。

方法：① 俯卧在台子上，躯干上部悬空，颈后肩上扛一根木棍。② 双臂体侧展开固定木棍。呼气，尽量大幅度转动躯干，不同方向重复练习。

要求：保持数秒再回转躯干。

八、背部

同"走跑柔韧素质训练"的内容。

九、颈部

同"走跑柔韧素质训练"的内容。

十、胸部

同"走跑柔韧素质训练"的内容。

十一、肩部

1.握棍直臂绕肩

目的：拉伸肩部。

方法：① 双腿并拢站立，双手握一木棍或毛巾在髋前。② 吸气，直臂握棍或毛巾从体前经头上绕到体后，再从原路线绕回，重复练习。

要求：速度不宜过快，双臂始终保持伸直。

2.单臂开门拉肩

目的：拉伸肩部。

方法：① 在一扇打开的门框内，双脚前后开立，拉伸臂肘关节外展到肩的高度。② 拉伸臂前臂向上，掌心对墙。呼气，上体向对侧转动拉伸肩部。重复练习。

要求：动作幅度尽量大，保持10秒左右。

十二、臂部和腕部

同"走跑柔韧素质训练"的内容。

第六章
田径耐力素质训练

耐力素质作为身体素质的一个方面，也称"耐久力"，是身体素质的重要组成部分之一，是体现个体的健康水平或体质强弱的重要标志。任何的运动项目都需要运动员具备相应的耐力素质。耐力训练就是要在身体训练的过程中有计划地对影响耐力的各个因素进行训练，扩大有机体进行一般工作的能力，建立提高专项负荷的条件，并利用素质转移的效果为发展专项耐力打下基础。

因此，运动员在进行耐力训练时，应做到以下几点。

① 耐力训练应循序渐进。耐力训练应以一定的训练时间、距离和数量为起点，逐步加长时间和距离，再提高到接近"极限负荷"。

② 耐力训练应注意呼吸。呼吸能力对耐力训练十分重要，呼吸的作用在于摄取发展耐力所必要的氧气。机体摄取氧气是通过提高呼吸频率和加深呼吸深度实现的。在训练中应培养运动员加深呼吸深度供氧的能力，并注意培养运动员用鼻呼吸的能力。同时，加强呼吸节奏与动作节奏协调一致的训练。呼吸节奏紊乱必定会导致节奏的破坏，使能量物质的消耗增加，不利于耐力水平的提高。

③ 加强意志品质培养。耐力训练不仅是身体方面的训练，也是意志品质的培养过程。因此，在耐力训练中除了应注意提高运动员的练习兴趣外，还应注意培养吃苦耐劳的品质。

④ 对运动技术应要求严格，并适当控制体重。脂肪过多会增大肌肉内阻力，摄氧量的相对值也会因体重的增加而下降。体重过重，消耗的能量也必然增加，这都会影响耐力素质的发展。

⑤ 兼顾女子生理特点。女子体脂是体重的20%～25%，男子为10%～14%。脂肪不仅具有填充和固定内脏器官的作用，并且可作为能量来源，因而女子进行长距离游泳和长跑等耐力项目的能力很强。由于女子机体能有效地利用储存的脂肪作为运动的能源，故有利于从事较长距离的耐力训练。应注意的是，女子运动员在月经期间不宜从事大强度、长时间的耐力训练，应避免剧烈运动及其他外部刺激。

第一节　田径有氧耐力训练

一、田径基础有氧耐力训练

1. 走跑类有氧耐力训练

（1）水中大步走或快走。选择一个水池，深度在30～40厘米，进行大步走或快速走的练习，每组练习走100～150步或200～300米，组间间歇5分钟，共练习4～5组。训练强度控制在50%～55%。

（2）大步走或交叉步走。在场地、公路或其他自然环境中，进行大步快走或交叉步走的练习，也可在练习过程中进行不同类型走法的交替练习。每组练习走1000米左右，组间间歇3～4分钟，共练习4～6组，训练强度控制在40%～50%。

（3）定时走。训练环境选择同上，要求按规定时间做自然走或练习半个小时左右，训练强度控制在40%～50%。

(4)沙地竞走。选择在海滩沙地上进行竞走的练习,每组走500~1000米,组间间歇3分钟,共练习4~5组,训练强度控制在55%~60%。

(5)沙地负重走或连续走。选择沙地作为训练环境,进行负重(杠铃杆或背人)走或徒手快走的练习。训练过程中负重走每组200米,徒手快走每组400~800米,组间间歇3分钟,共练习5~7组。心率控制在160次/分以下,训练强度控制在45%~60%。

(6)竞走追逐。两人在跑道上前后站立,两人之间保持10米的距离,听口令开始进行竞走练习,要求后者追赶前者,要按照竞走技术标准的要求进行练习。要求练习过程中均不能犯规,每组走400~600米,每组结束后放松慢跑2分钟,共练习4~6组,训练强度控制在50%~60%。

2.游戏类有氧耐力训练

(1)3分钟以上跳绳或跳绳跑。进行原地跳绳3分钟或跳绳2分钟练习,组间间歇5分钟,共练习4~6组,训练结束时心率在140~150次/分,心率恢复至120次/分时开始下次练习。训练强度控制在45%~60%。

(2)5分钟以上的跳舞游戏。进行健美操或舞蹈练习,要求不间断地进行,时间要求为5分钟以上。共进行4~6组的练习,每组之间进行5~8分钟的休息,心率控制在160次/分以下,训练强度控制在45%~60%。

(3)5分钟以上的循环游戏。选择8~10个专项耐力练习项目组成一套循环练习,要求练习者进行5分钟以上的反复循环练习。共进行3~5组的练习,每组之间有5~10分钟的间歇。游戏结束时,心率控制在140~160次/分,开始下次练习前要保证心率通过休息恢复到120次/分以下,将训练强度控制在45%~60%。

(4)篮球"斗牛"游戏。选择在篮球场上进行练习,练习内容为半场或全场比赛性"斗牛",时间在30分钟以上。训练强度控制在45%~60%。

二、田径专项有氧耐力训练

1.连续跑

训练方法：以匀速的形式连续跑进。

训练要点：跑的负荷尽量多，运动时间在1小时以上，匀速连续地跑。

适用项目：马拉松、1000米、5000米、公路竞走等。

2.越野跑

训练方法：在野外、丘陵、山坡、平原的地形条件下进行越野跑，训练中，可以适当改变跑的速度。练习时，保持150～160次/分的心率。进行1.5～2小时的运动。

训练要点：在空气清新、相对松软、有弹性的地面练习。

适用项目：所有中长跑和竞走项目。

3.变速跑

训练方法：利用改变速度的跑进行练习，训练时，进行由低到高的负荷强度安排，运动时保持130～150次/分、170～180次/分的心率。持续进行半小时以上的练习。

训练要点：根据运动者情况来控制速度和距离。

适用项目：1500米、3000米障碍、2000米障碍、5000米。

4.间歇跑

训练方法：间歇进行跑的练习和休息，要求练习者在训练中的每一次练习中持续时间要短。当面临较大的训练负荷强度时，保持170～180次/分的心率。下一次的练习要在身体尚未完全恢复的情况下进行，心率控制在120～140次/分。

训练要点：尽可能延长训练持续的时间，一般来说训练持续时间应在半小时以上；组间应采用积极性休息。

适用项目：800米、1500米、3000米障碍、2000米障碍。

5.法特莱克跑

训练方法：选择比较复杂的野外地形，地形应包括丘陵、山坡和平原，练习者自己进行快跑、慢跑、匀速跑、加速跑练习，要求距离不等。

训练要点：练习地点空气要新鲜，地形、地势要变化多端。

适用项目：所有中长跑和竞走项目。

6.高原训练

训练方法：在高原地带进行一系列跑的练习，该训练主要是激发运动员的补偿机制，发展有氧和无氧耐力，对于运动者的要求比较高。训练必须在海拔1600米以上的高原进行，经系统的高原训练后再上海拔更高的高原，进行4～6周的系统训练，再回到居住地训练3～4周，下平原参加重大比赛。也可以采用"仿高原训练器""低压氧舱"等训练设备，模仿高原训练的环境和条件进行训练。

训练要点：注意解决高原训练能量消耗大、易疲劳、恢复时间长以及训练过程难以控制等问题。

适用项目：所有中长跑和竞走项目。

第二节　田径无氧耐力训练

一、田径基础无氧耐力训练

1.陆地无氧耐力训练

（1）原地间歇高抬腿跑。在原地练习快速高抬腿或前支撑高抬腿跑。根据训练目的的不同进行不同的练习安排。目的为发展乳酸性无氧耐力时，进行1分钟练习或每组进行100～150次，进行6～8组的练习，每组之间有2～4分钟的间歇，训练强度控制在80%；训练目的为发展非乳酸性无氧耐力时，进行5秒、10秒、30秒钟快速高抬腿练习，进行6～8组的练习，每组之间有2～3分钟的间歇，保持训练强度在90%～95%。

（2）高抬腿跑转加速跑。进行高抬腿跑20米左右转加速跑80米的练习，要求在行进间进行。共进行5～8组的练习，每组之间有2～4分钟的间歇。控制训练强度在80%～85%。

（3）间歇后蹬跑。进行行进间后蹬跑的练习，每组跑30～40次或60～80米，共进行6～8组，组间间歇2～4分钟。控制训练强度为80%。

（4）间歇车轮跑。进行原地或行进间车轮跑的练习，每组练习50～70次，共练习6～8组，组间间歇2～4分钟。训练强度控制在70%～80%。

（5）反复起跑。进行蹲踞式或站立式起跑30～60米的练习，每组进行3～4次，共练习3～4组，组间间歇1～3分钟。

（6）反复加速跑。进行100米或更长距离的加速跑练习。跑完后放松走回起点再反复跑，共进行8～12组的练习，控制训练强度在70%～80%。

（7）反复超赶跑。练习者10人左右，在跑道上成纵队排列，进行慢跑或中等速度跑，排尾在听到口令后加速跑至排头，每人重复6～8次。控制训练强度在65%～75%。

（8）反复跑台阶。准备高20厘米或50厘米的台阶，在每级台阶上进行连续跑练习，每次练习跑30～40步台阶，每步2级，共练习6组，组间间歇5分钟。训练强度控制在65%～70%。

（9）拉力反复跑。练习者分成两队，每队4～5人，在跑道上相距100米进行迎面定时接力跑，每人重复5～7次。训练强度控制在70%～80%。

（10）计时跑。进行计时跑的练习，主要包括短于专项距离的重复计时跑或长于专项距离的计时跑。具体应根据运动者水平及跑距而定，训练强度应结合跑的距离适当调整。重复4～8次，组间间歇3～5分钟。训练强度控制在70%～90%。

（11）变速越野跑。训练环境选择户外，进行越野跑时要做50～150米或更长些距离的加速跑或快跑段落。训练中练习者的加速或快跑的距离为1000～1500米，训练强度控制在60%～70%。

（12）上下坡变速跑。选择7～10度的斜坡跑道，进行上坡加速快跑100～120米，下坡时放松慢跑回起点的练习。每组练习4～6次，共进行3～5组的练习，每组之间有10分钟的间歇。控制训练强度在65%～75%。

（13）连续侧滑步跑。练习者身体侧对前进方向，进行侧向的100～150米滑步跑的练习。共进行5～6组的练习，每组之间有3～5分钟的间歇，每次心率达160次/分钟，训练强度控制在60%～70%。

（14）两人追逐跑。两人一组，相互之间保持10～20米的距离，听口令起跑。后面人追赶前面人，800米内追上有效，训练一定时间后两人交换位置进行。共进行4～6组的练习，每组之间有3～5分钟的间歇。控制训练强度在65%～75%。

（15）综合跑。在跑道上练习向前跑、倒退跑及左右滑步跑，要求训练过程中每种方式跑50～100米，每次跑400米，共进行3～5组的练习，每练之间有3～5分钟的间歇，控制训练强度在60%～70%。

（16）往返运球跑。练习者进行运球练习，从篮球场上的一个端线至另一端线，然后换手运球跑回，往返6次为一组练习，共进行4～6组的练习，每组之间有2分钟的间歇。控制训练强度在60%～70%。

（17）往返运球投篮。练习者进行投篮练习，具体要求为先从篮球场上的一个端线运球至另一篮下投篮，然后再运球返回投篮。练习过程中对投篮的方式不做限制，要投中返回。每组练习要求往返4次，共进行4～6组的练习，每组之间有3分钟的间歇，控制训练强度在55%～60%。

（18）球场往返跑。练习者站在篮球场端线处，听口令起跑至对面端线后再转身跑回。每组练习要求4～6次往返，共进行4～6组的练习。控制训练强度在60%～70%。

（19）运球绕障碍。5个间距2米的障碍物放置在篮球场上，要求纵向放置，听到信号后即刻做快速运球绕过障碍物的往返跑练习或计时竞赛跑。每组练习要求3～5次往返，共进行3～5组的练习，每组之间进行5分钟的间歇。

（20）全场跑动传接球。两人一组进行传接球练习，练习者从篮球场上的一个端线运球到另一端线后再传球跑回。往返4次为一组练习，共进行4～6组的练习，每组之间进行8～10分钟的间歇。组间心率恢复到100次/分以下开始下次训练。训练强度控制在60%～70%。

（21）跳绳跑。进行两臂跳绳跑练习，每次练习跑200米，共进行5～8组的练习，每组之间有5分钟的间歇。要求练习过程中每次结束时心率达160次/分，间歇恢复到120次/分钟以下时开始下次练习。训练强度控制在60%～70%。

（22）跳绳接力跑。练习者分为两组，在跑道上相距100米做一定的速度的往返接力跑。往返4次为一组练习，共进行4～6组的练习，每组之间有5分钟的间歇，控制训练强度在60%～65%。

（23）交替跳藤圈。进行原地双脚连续跳藤圈或双脚交替连续跳的练习。双脚跳练习50～60次为一组，交替跳100次为一组，每种方式分别进行4～5组的练习，每组间有3分钟的间歇。控制训练强度在50%～60%。

（24）连续滑步-侧倒垫球-滚翻。在排球场上，以既定手势及抛球动作进行连续滑步移动，侧倒垫球，接滚翻动作的练习。做8～10次为一组，共练习3～4组，组间间歇8～10分钟，训练强度控制在65%～75%。

（25）两人跑动传接球-抢断球-连续射门。两人一组，在足球场上练习跑动中传接球，要求做到尽量不丢球，从中圈开始运球跑动射门。一组练习包括：100米往返3次、两人一组抢断球3分钟、连续射门10次。共进行2～3组的练习，每组之间有3分钟的间歇，训练强度控制在55%～70%。

（26）两人踢传球-绕障碍运球-跑动射门。两人一组，在足球场上从底线开始进行跑动中传球练习，过半场后，两人交叉运球，传接球并绕障碍（10个实心球，相距2米），然后跑动射门。射门时由一人传球，一人射门。未射门的练习者取球后两人向反方向再重复上述训练。往返2次为一组，共练习4～6组，组间间歇5分钟。训练强度控制在60%～65%。

2.水中无氧耐力训练

（1）水中间歇高抬腿。在水池中进行练习，水深在40～50厘米，练习原地高抬腿。100次为一组，共进行4～6组的练习，每组之间有3分钟的间歇。训练强度控制在60%～65%。

（2）水中短距离间歇游。在游泳池中以50米、100米或更长段落进行反复游进练习，每组练习3～4次，共进行3～4组的练习，每次之间有2～3分钟的间歇，每组之间有10分钟的间歇。控制训练强度在60%～70%。

（3）水中变姿变速游。在游泳池中以50米为段落进行混合姿势游泳练习，要求练习过程中每组各种姿势各游50米，共练习3～5组，组间间歇10分钟。训练强度控制在65%～75%。

（4）分段变速游泳。在游泳池中进行变速游泳练习，以50米为段落，游进250～300米为一组，共进行4～5组的练习，每组之间有10分钟的间歇，快速段落应达到本人最快速度的70%以上，放松段落根据练习者的具体水平而定。训练强度控制在65%～75%。

（5）水中追逐游泳。两人一组，相隔3～5米的距离，同时出发，采用同一种游泳姿势进行追逐游，每次50米往返，共进行3～5组的练习，心率要达160次/分钟以上。训练强度控制在65%～75%。

（6）水中游泳接力。两人一组，进行50米往返游泳接力练习。训练过程中要求每人游4次，共进行3～4组的练习，每组之间有5～8分钟的间歇。控制训练强度在60%～70%。

二、田径专项无氧耐力训练

1.固定间歇时间跑

该训练可以发展运动员的乳酸供能无氧耐力。在训练时，采用

80%～90%的练习强度，心率达到180～190次/分。

训练要点：单次练习的时间和距离应稍长，练习重复次数不宜过多。过程中间歇时间固定不变，可采用段落相等或不等的练习。如果段落不等，练习顺序由短到长，最后一组时基本保持规定的强度。

适用项目：100米、200米、400米、400米栏等。

2. 逐渐缩短间歇时间跑

训练方法、训练要点及其适用项目同固定间歇时间跑。

3. 短段落间歇跑

以较短段落进行间歇跑练习，该训练可发展运动员的非乳酸供能无氧耐力。可采用30～60米距离，95%以上的大强度练习，间歇时间为1分钟左右，持续时间为10秒左右。

训练要点：训练中保持高强度、较多的重复次数，组数根据运动员的具体情况而定。

适用项目：100米、200米、100米栏、110米栏等。

4. 长段落间歇跑

以较长的段落进行间歇跑练习，该训练可发展运动员的非乳酸供能无氧耐力。采用100～150米距离，间歇时间为2分钟以上。采用95%以上的大强度练习，持续时间在10秒以上。

训练要点：训练中保持较高的训练强度，重复组数和次数根据运动员的具体情况而定。

适用项目：100米、200米、100米栏、110米栏等。

第三节　田径有氧无氧混合训练

一、反复跑

训练方法：采用80%以上的强度，每组反复跑150米、250米、500米的距离4～5次。每组练习之间休息约20分钟，以预定的时间跑完全程。也可以采用专项的3/4距离进行练习。

训练要点：跑的过程中调整呼吸，出现极点时尽量不要放慢跑的速度。

适用项目：400米、400米栏、800米、1500米。

二、间歇快跑

训练方法：以接近100%强度跑完100米后，接着慢跑1分钟，间歇练习。快、慢方式对照组成一组，反复训练10～30组。

训练要点：根据实际情况增减和调整训练负荷。

适用项目：400米、400米栏、800米、1500米。

三、重复跑

训练方法：采用专项比赛距离或稍长距离，以100%强度全力跑若干次，每次之间充分休息。

训练要点：根据具体情况确定跑的距离，短跑运动者可采用30米，中跑者可以采用800米或1500米距离。

适用项目：400米、400米栏、800米、1500米。

四、持续接力跑

训练方法：以100～200米的全力跑，每组4～5人轮流形式进行接力跑。如果练习者人数充足也可以分成若干组进行训练比赛。

训练要点：接力跑的距离结合运动员的体能素质和运动项目而定。

适用项目：100米、200米、400米、400米栏。

五、俄式间歇跑

训练方法：采用固定练习中间休息时间，随训练水平提高，逐渐缩短中间休息时间。如在跑400米练习中，用规定速度跑完100米后，休息20～30秒，如此循环反复训练。

训练要点：当运动者的能力可以缩短练习中间休息时间时，一般来说，调整休息时间应为15～25秒。

适用项目：400米、400米栏、800米、1500米。

六、短距离重复跑

训练方法：采用300～600米距离，每次练习强度为80%～90%，进行反复跑。

训练要点：跑的过程中要注意速度分配的准确性，具体可以全程或半程的速度分配计划。

适用项目：200米、400米、400米栏、800米。

第七章
田径力量素质训练

运动员进行田径力量素质训练，要保证训练的科学性和有效性，才能提高体能训练的质量和效果。为了达到此种目标，就要了解和掌握有关力量素质训练的基本理论。力量素质是指肌肉系统工作时克服或对抗阻力的能力。肌肉力量是人们完成各种动作的动力来源。如果一个人丧失了肌肉活动的力量，那么他的各种社会活动将会受到限制，严重影响日常的工作生活和学习。当人们参与体育运动锻炼时，就会借助机体的肌肉力量进行，而这些特殊的肌肉力量能力是通过运动训练获得的。力量素质在所有运动项目中都是最基本的身体素质，它是掌握运动技能、技巧以及提高运动成绩的最重要的基础。

力量素质主要分为最大力量、速度力量和力量耐力三种类型。① 最大力量是指肌肉在任意一次性最大程度收缩中，神经肌肉系统所能够产生的最大的力。最大力量训练多运用于田径的投掷、举重、摔跤、体操和柔道等竞技体育项目中。力量型运动项目的运动员常采用增大肌肉体积，发展肌肉内和肌肉间的协调性的方法，以达到提高最大力量目的。② 速度力量是指神经肌肉系统以最快的速度发挥最大力量的能力，换言之就是指在最短的时间内最大用力的能力。它在田径、举重、柔道、摔跤、短程游泳、球类、体操、室内自行车和短程速滑等竞技运动项目中扮演着重要作用。一般来讲，速度力量的主要表现形式可以分为爆发力、弹跳力和起动力三种。③ 力量耐力是指运动员机体耐受疲劳的能力。

运动员在进行力量素质训练时，需要注意以下事项。

1.发展力量素质要有所侧重

田径运动中的项目的动作都非常复杂，完成技术动作的难度较大，因此需要身体各部分的共同协作才能完成一系列技术动作。在完成技术动作的过程中，力量素质是运动员完成动作的基础。因此，运动员要加强力量素质的训练。运动员在发展不同类型的力量素质时，既要全面又要有所侧重，这就要求发展力量素质首先应使四肢、腰、腹、臀等部位的大肌肉群和主要肌肉群得到锻炼、提高，其次也要注意发展那些薄弱的小肌肉群的力量。

2.充分拉长和收缩肌肉，练习后肌肉应充分放松

运动员在进行力量素质训练时应使肌肉充分伸展拉长，然后再使其收缩，动作的幅度一定要大，这是因为肌纤维被拉长后可增大收缩的力量，与此同时又能够保持肌肉良好的弹性和收缩速度。运动员在完成力量素质训练后，肌肉会短时间充血且很硬，此时就需要做一些按摩、放松的练习，以充分放松肌肉。其目的在于加快运动性疲劳的消除，促进恢复，同时可以防止关节柔韧性的下降，从而有助于保持肌肉良好的弹性和收缩速度。

3.训练时要结合田径专项的特点进行

田径运动中，不同的运动项目有着不同的技术动作结构，因此要求参加工作的肌肉群力量不同，要求的力量素质也不同。如短跑类项目，要求竭尽全力连续快速蹬地向前推进的力量；投掷类项目，要求竭尽全力使运动器械获得最大加速度的爆发力量；跳跃类项目，要求有良好的爆发力和弹跳能力。因此，力量训练要根据专项技术

的动作结构来选择恰当的练习,以便于发展相应的肌肉群力量,提高运动成绩。

4.采用大负荷与循序递增负荷

负荷训练能迫使肌肉进行最大程度的收缩,可以刺激人体产生一系列的生理适应性变化,从而促使肌肉力量的增加。为了达到训练的大负荷,训练时要适当地加大运动负荷量与运动强度。进行力量素质训练后,运动员的力量得到增长,原来的大运动负荷量逐渐发生变化,变为小负荷。若要继续保持大运动负荷,就必须循序渐进地递增负荷。比如开始训练时,某人用20千克做臂弯举,反复举8次出现疲劳。当训练一段时间后,他能用20千克连续举12次,这时就可以增加负荷至再次举起8次的重量,从而使有关的肌肉群始终处在大负荷状态下工作。

另外,在训练时还可以采用"超负荷训练"的方式进行训练。"超负荷训练"是指肌肉完成超出平时负荷的训练。"超负荷训练"会引起肌肉成分,特别是肌蛋白的分解,肌肉的成分重新组合,使肌蛋白含量得到提高,从而使肌肉更加粗壮有力,促使超量恢复的产生。这种力量素质训练的方法适用于高水平运动员,一般练习者或者体能较差者最好不要尝试。

5.加强摆动的动力性练习

运动员进行力量素质训练时,还应注意训练中摆动的动力性练习,尤其是动作振幅,它可以帮助练习者获得用力感和速度感,增强技术动力力量,培养快速完成动作的能力,进而提高力量训练的有效性。除此之外,还能改进关节的灵活性。增大动作振幅要注意结合肌肉放松和伸展练习,以使肌肉保持弹性和柔韧性。

第一节　竞走类项目力量素质训练

竞走类项目的竞技技巧并不难掌握,此类项目的力量训练一般不采用负重的训练形式,主要以克服自身重量的形式进行。

一、一般力量

一般力量训练指发展运动员全身各部位力量，主要包括符合专项技术的用力肌群的训练，以腿部、腰部、髋部、腹部、背部为主部位肌群，还包括臀肌肌群、股二头肌肌群、小腿和足关节屈肌群、肩关节和肱二头肌等。要求不同部位肌肉在完成不同练习时肌力和协调性得到提高。

经常选用的训练方法如下：丘陵地跑——发展腿部力量耐力；连续跳跃练习——发展腿部力量耐力，如连续单腿交换向上跳、连续跨步跳；连续蛙跳——发展腿部与整体的协调力量；综合力量练习——发展整体力量和速度力量、耐力及协调能力。在运动员的训练中，身体素质训练是整体训练结构中的一个重要组成部分。因此，运动负荷数量、运动负荷强度以及运动负荷密度的加大或减小都要与同期专项运动能力训练协调一致，这样才能有效地促进整体运动能力的提高。

二、专项力量

由于竞走运动员要连续较长时间地进行以下肢为主的重复动作，因此在全面发展运动员力量素质的前提下，对运动员下肢肌群的力量耐力和支撑器官（腿和踝关节）的力量能力要求更高。

因此，力量训练主要是力量耐力和支撑器官的训练。提高运动员的力量耐力，不是仅仅依靠提高运动员的绝对力量。在训练过程中，不应过多采用过重的杠铃练习，可以充分利用自然条件发展运动员的力量耐力和支撑器官的功能。需要注意的是，竞走运动员身体中枢部位（骨盆和躯干）的稳定性、关节稳定性、髋关节前后运动时的平衡能力、克服自身体重的力量等所涉及的练习手段均应加以重视，特别应把腰、背、臀部肌肉的发展和力量的提高作为重点。

一般采用加大难度的竞走练习，如上坡走、山地起伏地段走、适当的跳跃练习（如两腿交换跳、跳绳）、负重摆臂等。走时向前的动力主要由踝关节、趾关节、髋关节周围肌群收缩产生的水平推力提供。因此可加强支撑腿踝关节、趾关节、髋关节的伸屈力，这也是增加步频和步长的重要因素之一。综合力量练习需要将适合项目特征和个人特点的不同练习内容给予科学安排。其重复次数和组数应使运动员机体代谢供能达到与专项能力训练相同或接近程度，从而有利于运动员整体力量素质的协调发展。

三、核心力量

竞走运动员的力量训练的方法，需要注重既能增加肌肉力量又能增强肌肉伸展和放松能力的练习，这样才可以满足竞走专项力量的需求。

1. 静力性躯干训练

（1）俯卧肘支撑：双臂屈肘（或肘撑气囊），双脚悬吊呈俯卧状，身体在一条直线上。

（2）仰卧肘支撑：双臂屈肘（或肩撑气囊），双脚悬吊呈仰卧状，挺髋，身体在一条直线上。

（3）侧卧肘支撑：身体呈侧卧状，单脚悬吊支撑，单臂屈肘支撑（或肘撑气囊），身体在一条直线上。

（4）仰卧收腹固定：仰卧，臀部或双肘支撑，直腿上举或屈腿30度、60度做静力练习。

2. 动力性躯干训练

（1）屈腿仰卧收腹：臀部着地，屈腿上举，双臂抱头起。

（2）支腿仰卧收腹，臀部着地，双腿上举60度，双臂抱头起（上体尽量靠近腿部）。

（3）仰卧收腹：臀部着地，双腿上举（直腿或屈腿），双臂抱头左右起。

（4）侧身抬腿：身体仰卧呈一条直线，屈臂肘支撑（或肘撑气囊、悬吊），非支撑腿直腿（或屈腿）上举（前、后、旋转）。

第二节　短跑类运动项目的力量训练

短跑是指400米及其以下的竞赛项目，它是人的快速跑能力的重要标志，是人体在大量缺氧状态下持续高速跑的极限强度运动。

1. 抗阻跑

目的：发展髂腰肌、股四头肌、臀大肌、股二头肌、小腿三头肌及足底等肌群力量。

方法：同伴用橡皮带捆住练习者腰部位置并用力拖住，练习者在跑道上做抗阻跑，30～60米为一组，做3～4组。

要求：两者注意配合。

2. 斜姿卧推

目的：发展胸大肌、三角肌、肱三头肌和手部肌肉力量。

方法：仰卧在斜板上，双手握持杠铃，做向前上方推举动作。负荷为60%～80%，8～10次为一组，做3～5组。

要求：向前上方推举时手臂尽量伸直。

3. 负重前后过栏

目的：发展髂腰肌、股四头肌和小腿三头肌等肌肉力量。

方法：两腿小腿负沙袋（1千克）做前后过栏练习。

要求：重复进行，8～10栏为一组，做3～4组。

4. 单腿过栏架跑

目的：提高步频、快速屈髋力量和下肢灵活性。

方法：以约1米间距摆放8～10个30～40厘米高的栏架。在栏侧支撑腿快速跑进，摆动腿屈膝高抬从栏架上越过。

要求：摆动腿栏架上的快速高抬和折叠。

5. 单腿下蹲起

目的：发展股四头肌、臀大肌、股二头肌及小腿三头肌等肌群力量。

方法：一腿伸直抬起脚离开地面，一腿做单腿下蹲起练习。可将脚垫高3～5厘米。8～10次为一组，做3～4组。也可背部负重以增加练习难度。

要求：抬起的脚尽量伸直。

6. 斜坡上坡跑

目的：提高起跑爆发力，增加步长。
方法：在20～35度坡道上跑进4～8秒。
要求：争取在一定时间内跑更长距离。

7. 弓箭步换腿跳

目的：提高髋部动作速度和增加步长。
方法：从弓箭步姿势开始，垂直跳起，空中交换双腿成弓箭步。
要求：后腿膝关节不接触地面，重复时无停顿。双手叉腰或摆动协助双腿用力。

8. 负重转体

目的：发展腹外斜肌、腹直肌及腰背肌群力量。
要求：肩负杠铃站立，两手扶住杠铃，做左右转体动作。负荷为40%～60%，两侧各10～15次为一组，做3～5组。
要求：两脚固定不动，注意动作节奏，控制好器械。

9. 俯卧撑

目的：发展肱三头肌、胸大肌、三角肌和前屈肌等肌群力量。
方法：双臂支撑于地面，两腿并拢，脚趾撑地，做双臂屈伸起动作。重复进行。10～15次为一组，做3～4组。也可以将脚垫于体操凳上或背部负重以增加练习。
要求：身体保持挺直姿势。

第三节　中长跑类运动项目的力量训练

中长跑是耐力性运动项目，进行中长跑锻炼能够改善呼吸系统和心血管系功能，发展耐力，培养顽强的意志和克服困难的精神。

中长跑有预防和治疗某些慢性疾病的作用。中长跑包括中距离跑项目和长距离项目。由于距离和跑速的不同，跑的动作技术有一定的差异，距离越长，跑的有力程度、动作的速度和幅度就越小。中长跑也包括起跑技术、加速跑技术、途中跑技术和终点跑技术。

中长跑运动员要不间断地连续或长时间地多次重复单一动作。在任何情况下，力量尤其是力量耐力是中长跑运动员的重要基础，其对下肢肌群的力量耐力和良好的支撑器官（腿和踝关节）力量能力的要求更高。因此，力量训练主要是力量耐力和支撑器官（肌肉、韧带、软组织、关节等）的训练。

利用循环训练安排全身力量协调发展的练习，不仅可以提高运动员各部位肌肉功能的发展，而且还可以改善运动员的内脏功能。运动员力量耐力的提高应主要通过对血液循环和呼吸系统机能的改善，发挥毛细血管的作用和肌肉对血红蛋白的利用去发展力量耐力，而不是单靠提高运动员的绝对力量。在训练过程中，应充分利用自然条件发展运动员的力量耐力和支撑器官的功能，如利用上坡跑或软地跑（沙滩、草地、雪地等）来增强腿部肌肉力量。经常选用的训练方法有：山地跑可以发展腿部的力量耐力，连续跳跃练习可以发展腿部各关节的力量耐力，连续单腿交换向上跳、连续跨步跳可以发展腿部力量耐力，循环力量练习可以发展整体力量、速度力量耐力及协调能力。

中长跑是典型的周期性速度力量与技术相结合的体能类项目，要求运动员必须具有良好的专项力量素质和整体身体素质。随着科学技术的飞速发展，体坛竞争日趋激烈，竞技比赛的胜负往往取决于那些微小因素上的微小优势。中长跑运动员若要达到一流水平，单靠某一种能力特别强是不够的，必须要具备扎实的专项力量素质。我们认为力量是身体素质的重要基础，力量训练扎实了，专项基础才能稳定，高水平专项训练才能有保证。

1. 中长跑运动员的力量素质训练

力量是指人体在运动中克服内部阻力和外部阻力的能力。这种能力的表现形式包括最大力量、爆发力量、速度力量和力量耐力等。力量是一种综合能力，力量训练的基本原理主要有：① 提高人体避免肌肉活动失去平衡的能力以及增加肌肉、肌腱和韧带协调性，以便减少损伤和较好地完成训练和比赛任务；② 通过增加肌纤维的收缩力量，可提高对地面施力的能力。力量训练是中长跑运动员提高专项能力的主要方法之一；发展中长跑运动员的最大力量、爆发力量、速度力量、力量耐力和专项力量，逐步加大运动负荷量、运动负荷强度，并使之与专项运动技术用力结构一致，是提高中长跑运动员能力训练的有效方法。

2. 最大力量的训练

改善中长跑运动员最大力量的途径是：① 依靠改善肌肉内协调和肌肉间协调来增加力量；② 依靠肌肉体积的增大来增加力量。第一种途径的力量发展快，但容易消失；第二种途径需要增加肌肉的体积。中长跑运动员需要的力量，一般只能采取用第一种途径来发展，在进行最大力量训练时，肌肉收缩一次只有50%～60%的肌纤维参与工作。通过最大力量的40%～60%负荷力量练习，逐步加快动作频率，同时逐步增加重复次数，提高肌肉的协调性，这对中长跑运动员的速度提高大有裨益。

3. 爆发力量的训练

发展爆发力量对于中长跑运动员很必要。爆发力量有利于运动员反应速度的改善，有利于整体速度力量水平的提高，一般多采用最大力量的70%～90%的重量练习，用极限或接近极限的速度完成动作，其用力结构与专项技术用力结构一致的效果更好。

4. 速度力量的训练

速度力量是中长跑运动员不可缺少的力量。发展速度力量，一般多采用最大力量的30%～50%，逐步提高完成动作的速度，逐步增加练习的次数和组数，这既有利于爆发力的改善，又有利于速度力量耐力的改善，更有利于中长跑运动员专项运动能力的提高。

5.力量耐力的训练

发展力量耐力的方法主要是通过增强肌肉中毛细血管的数量和肌红蛋白的含量，改进输氧功能，提高糖酵解的能力和增大运动员承受最大氧债的能力。力量耐力与速度项目和力量项目具有一定的相关性，应用最多的是耐力项目。中长跑运动员进行快速的、长时间的力量耐力训练，既有利于心血管系统、代谢系统的功能改善，又有利于专项运动能力的提高。

第四节 跳跃类运动项目的力量训练

一、发展相对力量

跳跃类运动项目是克服自身体重的能力的项目，一方面要求运动员具有较大的最大力量，另一方面要求运动员体重不能过大，即要求运动员具有良好的相对力量。如跳跃类项目要求运动员保持较低的体脂水平，还要求较高的下肢肌肉质量。跳跃类运动项目通常采用肩负杠铃全蹲或半蹲跳的练习，以及使用各种方法上举杠铃和壶铃的练习。应采用85%以上的运动负荷强度，动员尽可能多的运动单位工作，减少肌肉功能性的肥大，达到在控制体重增加的前提下增大绝对力量的目的。

二、发展速度力量

发展速度力量的目的是提高与运动员专项速度和专项技术有密切关系的力量素质，速度力量取决于肌肉收缩的力量和速度，根据跳跃类项目的特点，应重点发展由着地到快速蹬伸的能力。发展速度力量的主要途径是提高最大力量和缩短表现出最大力量所需要的时间。跳跃类项目需要运动员具备速度型爆发力，要求运动员在速度较快的动作中以及克服外界阻力小、用力时间短的动作中能表现出很大的优势。

发展速度力量的练习通常采用在快速助跑中进行多级跳及发展速度型爆发力的练习。各种跳跃练习是指在最短的时间内完成规定的次数，短时间完成既定次数或在一定时间内完成较多的次数。

在一定速度要求的情况下，要求在动作形式和用力特点上与专项动作接近。为使一开始就有较快的水平速度，可采用带助跑的各种起跳和跳跃练习，如30～50米的跨步跳、单足跳，并以两种方式进行：一种是努力加大每一跳的远度，争取以最少的跳次完成练习的距离；另一种是在保持较大动作幅度的前提下，尽量加快蹬摆速度、加快动作频率和跳的速度（可计时或计步数）。注意，专项技术练习也是发展专项弹跳力的重要手段，要体会利用助跑速度增强效果的技巧。

田径运动中，跳跃类项目所需的力量基本上属于速度性力量。长期以来，训练中常采用的是各种杠铃练习，杠铃练习属于重量性力量练习的手段，而这远无法满足田径运动中跳跃类项目的需求，实质上，跳跃类项目需要更多的是速度性力量的练习。具体介绍如下。

（1）基础跳跃练习手段有：① 双腿跳栏架，即在平整的场地上排列10个栏架，双腿依次连续跳过，栏架的高度和间距因人而异。② 双腿跳皮筋，方式与双腿跳栏架基本相同，它能够有效地避免伤害事故的发生，有利于不断提高练习强度。③ 跳深，双腿连续跳上（跳下）不同高度的跳箱（深坑），跳箱（坑）的高度（深度）要随着训练水平的提高而增加。④ 屈膝跳，即连续双腿屈膝收腹跳起，膝盖和大腿尽量接近胸部。⑤ 双腿连续跳台阶，⑥ 在海绵垫上的各种跳跃，⑦ 在沙坑中的各种跳跃。

（2）过渡性跳跃练习手段有：跨步跳、单足跳、单腿快速跳台阶、单腿跳皮筋、立定三级跳以及多级跳。

（3）专项跳跃练习手段有：① 助跑起跳摸高，3～6步直线助跑，起跳腿起跳后用手触摸高。② 助跑3～6步跨步跳，最后落入沙坑。③ 助跑3～6步单足跳，最后落入沙坑。④ 助跑十级跨步跳，最后落入沙坑。⑤ 助跑十级单足跳，最后落入沙坑；⑥ 计时单足跳（30秒计数或30～60米计时）。

第五节 投掷力量素质训练

投掷运动员的力量主要是最大力量和速度力量。安排训练计划时，需要依据肌肉收缩用力性质和运动员特点，采用轻重结合和标准器械的组合训练。采用不同重量的器械进行专项投掷，使运动员已具备的能力充分地转化到专项上。投掷重器械可以发展专项力量，投掷轻器械可以有效地发展速度。轻、重器械组合训练，可使运动员的机体接受不同的刺激，防止肌肉僵化，达到提高投掷速度的目的。但是要注意的是，使用不同重量的器械限度不应造成明显的技术变形。另外，注意在力量训练过程中，不能忽视小肌肉群力量的训练。

一、最大力量和速度力量

1.最大力量

发展运动员最大力量的方法有大强度法、极限速度法、静力练习法、变换训练法、金字塔式训练法等，所采用的器械有杠铃、壶铃、哑铃等训练器械。使用拉力器、橡皮带等练习，依靠弹性物体变形产生的阻力发展力量素质，也可以利用组合器械练习，使身体处在各种不同的姿势（或坐或卧或立）进行练习，可以直接发展运动员所需要的肌肉力量，使训练更加具有针对性。

2.发展速度力量

速度力量强调在尽可能短的时间内完成动作，表现出最大的力量。不同动作结构、不同强度、不同重复次数的练习对不同素质的发展具有不同的影响，因此，应特别注意完成动作时是否符合专项技术的要求。训练要既能使快速力量得到最大的发展，又要使它能在专项比赛中充分发挥。

发展快速力量的常用手段有：① 器械不出手练习，如原地拉胶带、连续转髋、持球连续滑步、扶栏杆转髋、肩负杠铃原地旋转一周、持器械旋转等；② 结合投掷不同重量器械的专门练习和完整技术练习，采用轻器械、重器械和标准器械的组合练习；③ 各种发展肩部肌群、腿部肌群、躯干肌群等的力量练习。

二、投掷类项目专项力量训练分析

投掷类项目专项力量的最大特点就是爆发力，爆发力取决于速度和力量的结合。投掷类项目技术动作是投掷臂在最后用力阶段，大臂带动小臂，躯干通过右肩使前臂、上臂等部位一次瞬间用力，并且相互协调，依次做出快速有力的鞭打动作，由此可知，这是全身的继发性的爆发式用力。因此，在提高投掷类专项素质训练中，主要是发展全身有关肌群的爆发力，如手臂和手指的屈肌肌群、肱三头肌、肘肌、三角肌后部、胸大肌、背阔肌、伸膝肌群等。具体训练方法如下。

（1）动力性练习组合，包括斜身仰卧起坐、双腿负重屈伸、双臂负重上举。这组练习的负荷小，适合中小学运动员发展力量训练。

（2）爆发力训练结合铅球技术训练：① 手指俯卧、连续抓不同重量的铅球；② 用不同重量的杠铃快速前推、斜推，原地推不同重量的铅球；③ 连续蛙跳、阻力负重连续滑步；④ 负重进行体侧屈、体侧转的练习；⑤ 负重半蹲起结合提踵练习；⑥ 各种跳跃练习、快速跑练习。

三、发展投掷类项目力量训练的注意事项

1. 做好专项准备活动

运动员除了做好一般准备活动外，还要充分做好专项技术训练前的专项准备活动。如采用杠铃杆进行肩上绕环、手臂的屈伸等练习，逐渐把肩关节、肘关节部位的肌肉和韧带全面地活动开。

2. 重视易受伤部位的练习

为了预防肩关节、肘关节等部位受伤，训练前要适当加大这些

部位的力量、柔韧和灵活性的练习。平时还要注意发展小肌肉群的力量，应将其纳入常年的训练计划中。

3. 轻负荷，快重复

这种练习方法主要是增进耐力，如：练习30秒休息3秒，或练习50秒休息5秒，由几组重复练习组成一个循环，根据每个人的不同负荷重量，记录重复次数。

4. 退让用力练习

这种练习有几种不同的方法，其理论基础是超负荷原则，即在进行这种练习时，采用超过自身能力的重量，减少重复次数。如：上肢力量练习时，同伴保护帮助运动员举起杠铃，然后同伴松手，运动员将杠铃退回到某一位置，退让过程中速度尽量放慢，还原时间应该是举起时间的2倍，不能毫无受阻地落下，否则收不到任何效果。退让用力练习的强度大，不能经常进行，进行这种练习的运动员年龄需在16岁以上。

值得注意的是，速度力量训练的效果在很大程度上取决于中枢神经系统的兴奋度。因此，在训练中应避免出现疲劳，重复次数不宜过多，组间休息应保证机体基本获得恢复。总之，对于力量训练，教练员要掌握好练习的速度和负荷以及练习的方法、手段，方能使运动员取得较好的运动成绩。

第八章
田径体能训练的测评

田径体能训练中的测评具有非常重要的作用和意义。通过测评，能够对田径体能训练的科学性进行监督，并且根据测评的结果，可以有针对性地进行调整，从而保证田径体能训练的科学性，取得理想的训练效果。

本章主要对田径体能训练的运动负荷安排及其测定与评价进行阐述。

第一节 体能训练测评及应用

一、竞技体能测量与评价

竞技体能测量与评价对于了解训练水平是否提高，判断运动量是否合适、运动后恢复状态及运动训练效果都具有重要意义。

(一)心血管系统测试指标

1. 心率检查

心率是心脏周期性机械活动的频率,即心脏每分钟搏动的次数。测量心率最简易的办法是计算脉搏。

(1)指标

① 基础心率。即清晨起床前空腹卧位心率,基础心率通常较为稳定。② 安静时心率。具有明显的个体差异。正常健康成人安静时心率为60~90次/分钟,运动员的安静心率一般较低。③ 运动时心率分为极限负荷心率(180次/分钟以上)、次极限负荷心率(170次/分钟)和一般负荷心率(140次/分钟)。运动时心率增加到最大限度时称为最大心率,最大心率随年龄增长而逐渐减少。一般用220减去年龄来估算最大心率。最大心率与安静时心率之差称之为心搏频率储备,反映人体运动时心率可能增加的潜力。④ 运动后心率。在实践中多用测量运动后脉搏代表。

(2)评价

① 基础心率随着训练年限的延长和训练水平的提高而减慢。基础心率突然加快提示有过度疲劳或疾病的存在,应特别注意。② 耐力项目运动员安静时的心率低于其他项目运动员,最低可达36次/分钟。③ 一般情况下,运动时心率的快慢与运动强度有关,强度越大,心率越快。④ 运动后心率下降速度的快慢,可以反映出运动员身体机能的恢复情况。

2. 心率的测定

心率的测定在运动训练中具有非常重要的意义,具体表现在以下几个方面。

(1)反映运动强度　在一定范围内,心率与运动强度呈直线相关。心率与运动的速度、强度存在特殊的关系,因而通过测定运动员运动时的心率,可以了解运动强度的大小,还可以通过心率的测定来控制运动员运动的速度和强度。

(2)反映训练程度　随着运动训练程度的提高,心血管系统会产生一系列适应性变化。表现在完成相同负荷运动后,心率逐渐变慢。在运动训练实践中,对于相同的负荷,运动员的心率会逐渐变慢,表示训练水平的提高;或者在一组运动员中,对于相同的负荷,能说明心率慢者训练水平较高。因此,许多研究者设计了许多评定训练程度的方法,包括定量负荷运动后心率测定等。

(3)反映恢复程度 运动后的心率测定,可以监护运动员的恢复程度和是否存在疲劳的积累。运动后心率的恢复速率也可反映运动员的训练水平。正常情况下,运动员的基础心率相当稳定,在没有其他影响因素存在的情况下,基础心率的增加可能反映运动员对运动训练的不适应。

(4)反映机能状态 运动员的机能状态可以通过心率的测定得到正确的反映。

(5)反映训练课的密度 运动训练过程中训练时间与休息(恢复)时间的关系决定了训练课的密度。训练课中平均心率高者,说明训练密度高。

(6)评价循环系统功能状态 心率是评价循环系统功能状态的简单易行且很有价值的指标。安静状态和定量负荷运动后心率的快慢明显反映了运动员每搏输出量的大小,从而间接反映了运动性心脏肥大的程度和性质。有些青少年耐力项目运动员随着运动训练的进行,安静心率和定量负荷运动后心率并不减慢,表明心室腔容积的增大并不明显,可提示在训练过程中是否存在因力量训练安排不当而导致心脏的向心性肥厚的可能。

(7)运动员选材 心率结合其他生理学指标可作为运动员选材的依据之一。

(8)间接测定复杂指标的依据 有些生理学指标的测定相当复杂,如最大摄氧量的测定,不仅需要许多昂贵的仪器设备而且步骤繁杂。有些研究者利用心率与完成功率之间存在的必然关系,测定完成定量负荷运动后的心率数,间接推算最大摄氧量。比较有用的是利用 PWC_{170} 间接推算最大摄氧量的方法。但由于是间接推算,因而存在精确程度的问题。

3. 血压检查与评价

血压是血液流经血管时对血管壁的侧压力，包括收缩压和舒张压。

（1）指标

收缩压主要反映心脏每搏输出量的大小，我国健康成人为 90～130毫米汞柱。舒张压主要反映外周阻力的大小，我国健康成人为60～90毫米汞柱。脉压主要反映大动脉管壁的弹性，我国健康成人为30～40毫米汞柱。

（2）评价及其应用

① 训练中血压的变化与运动强度有关，大强度训练后收缩压上升和舒张压下降且恢复较快，表明身体机能良好。训练后收缩压明显上升、舒张压亦上升或应与强度刺激不一致、恢复时间延长等说明机能状况不佳。晨起卧床血压较稳定。若安静血压比平时上升20mmHg左右且持续两天以上，可能是机能下降或过度疲劳的表现。

② 运动时收缩压一般随运动强度增加而上升。大强度负荷时，收缩压可高达190mmHg或更高，舒张压不变或轻度上升或下降。出现以下情况为运动员机能不良反应：运动时脉压增加的程度比平时减少；出现梯形反应；运动时收缩压的上升与运动强度的增加不相平行或突然下降。收缩压突然下降达20mmHg者必须立即停止运动。

③ 在长时间大强度专项和力量训练时，运动员的舒张压可上升，如果训练后不及时调整，血压可继续上升，运动员会随之出现失眠、头痛、专项素质下降等症状。如果连续数周出现以下情况：安静舒张压增加超过自己日常水平10mmHg；安静脉压差减少超过自己日常水平20mmHg；安静心率增加超过自己日常水平6次/分钟，特别是在调整训练阶段出现时，提示运动员的身体机能状况不佳。

（二）代谢能力测试指标及评价

1. 有氧代谢能力的评定

（1）指标

① 最大摄氧量。最大摄氧量是指运动员在剧烈运动时，循环和

呼吸机能等内脏机能达到最高水平，每分钟摄入并由机体消耗的最大摄氧量。普遍认为，最大摄氧量是评价运动员有氧耐力很有价值的生理指标。优秀的有氧耐力项目运动员应有较高的最大摄氧量。

② PWC_{170} 实验。PWC是运动员机能评定中一种常用的次极限负荷实验。它测定机体在定量负荷运动时，当身体机能动员起来并处于相对稳定状态、心率为170次/分钟时，单位时间内所做功的数量。它反映了机体的工作能力。

③ 乳酸阈。它是评价耐力水平的重要指标。运动员耐力水平提高不仅取决于心血管系统的改善，还和骨骼肌氧化代谢能力的提高有关，即在长时间持续运动中，血乳酸明显蓄积之前能够达到的摄氧能力。

（2）评价

① 最大摄氧量作为评定运动能力变化的指标。运动员在不同状态时最大摄氧量有所不同，尤其对耐力运动项目更为明显。最大摄氧量的增加与运动员运动能力的提高或运动成绩的提高呈正比。最大摄氧量可以作为评定运动员训练状态好坏的指标。运动员在良好状态时，最大摄氧量数值大，当训练状态明显下降后或训练过度时，最大摄氧量数值就会降低。

最大摄氧量的测定有直接测定法和间接推算法两类。间接推算最大摄氧量的方法有很多。例如，Astmnd-Ryhnuiy 设计的根据基础心率、运动中完成的功率和摄氧量之间的密切关系推算最大摄氧量的方法。

在测定运动员的最大摄氧量的实验中，受试者应尽可能根据要求进行负荷运动，如在功率自行车上进行最大摄氧量的间接测定，如果受试者骑车转速低于规定要求，可使测定结果高于实际值。如果受试者骑车速度高于规定要求，可以使测定结果低于实际值。因为最大摄氧量是根据完成的负荷与完成负荷时心率之间的关系推算出的。

最大摄氧量测定值达到最大摄氧量时的心率，称为最大氧脉搏。与最大摄氧量的意义相同，最大氧脉搏可以反映运动员的有氧能力，而且比较可靠地反映心脏的泵血功能。

② PWC_{170} 与最大摄氧量的相关性很高。测试 PWC_{170} 可作为评定运动员训练状态好坏的指标。PWC_{170} 是指单位时间内所能完成的负荷量,以功率表示。

PWC_{170} 的测定方法一般采用间接测定法。根据所采用的运动工具的不同,又可分为功率自行车测定法和台阶测定法两种。间接测定法的原理是根据机体所完成的负荷与完成负荷时的心率在一定范围内呈直线关系。因而可采用两种不同强度的负荷运动,得到两组心率和负荷的数据,确立心率与负荷之间的直线关系,然后根据这个心率-负荷直线关系推算出心率在170次/分钟的功率数,便能得到所要的 PWC_{170} 值。

在运动员训练水平的生理学评定中,对于相同的中等负荷,心率慢者的训练水平高,而 PWC_{170} 的测定结果反映了运动员在相同的心率时完成的功率高者,其训练水平高。因此,PWC_{170} 的测定,可以用来评定运动员的训练程度和运动员的机能状态。在运动能力下降时,如过度疲劳,PWC_{170} 值可明显下降。

③ 采用个体乳酸阈值的测定方法,可以比较和判断不同运动员有氧代谢能力的差异与优劣,可根据运动员个体选择最佳训练强度和训练计划。"乳酸阈"(LT),即"无氧阈",它是根据血乳酸浓度值和运动强度两者变化的关系提出的。在递增负荷运动中,血乳酸浓度会随运动强度的增加由缓慢转变为快速升高的过程,在此过程中,血乳酸浓度有一个快速积累的起点(OBLA)。1981年,加拿大学者Jacobs将此点定为4毫摩尔/升。它表示在长时间运动中,血乳酸浓度保持稳态水平的最大有氧代谢能力。此点血乳酸的积累与清除速率相等。因此,乳酸阈不仅反映了"中枢"的呼吸循环系统的供氧能力,而且能够反映运动肌肉对氧的利用能力。1981年,Stegmann考虑到个体之间不同的差异性,提出了"个体无氧阈",其血乳酸浓度值不是固定的4毫摩尔/升,而是2.0~7.5毫摩尔/升。LT的测定方法很多,但测定方法均是根据乳酸-功率曲线,采用逐级递增负荷的方法测定的。因此,各种方法所测得的LT值高度相关。

2. 无氧代谢能力的评定

无氧代谢能力的评定指标包括以下几个。

① Quebec10秒无氧功实验，它是测定磷酸原系统代谢能力的指标，可测得最大功量、平均功量和疲劳指数。

② 10秒最大负荷测试法。它是根据磷酸原供能系统的供能特点，采用10秒以内的最大负荷运动，测试磷酸原系统代谢能力的指标。

③ 无氧糖酵解能力评定方法（Wingate无氧试验）。步骤如下：首先，在实验室中，在Monark功率自行车上做30秒的全力踏车运动，蹬车时阻力负荷用75克/千克体重，测臂力时用50克/千克体重，根据训练水平的高低可适当增减负荷。要求在开始运动的3～4秒内达到规定的负荷后再开始计时，做30秒全力运动。算出30秒平均功率、输出总功、最高功率和疲劳指数。疲劳指数＝（最高功率－最低功率）／最高功率×100%。其次，全力跑400米，记录成绩，分别测出运动前安静时和跑后第3分钟、6分钟和10分钟时的BLA值。

3. 神经系统和感觉功能机能测试指标

（1）两点辨别阈

皮肤感觉能分辨出的最小距离称为皮肤两点辨别阈。疲劳会引起各种皮肤感觉敏感性下降。因此，可把皮肤两点辨别阈作为监测运动员疲劳和恢复的简单无创性指标。

两点辨别阈的正常值可以在训练前或正常安静时的测定。在训练结束后或大负荷训练后恢复期测定，与正常值进行比较。两点辨别阈的评价标准为：比值小于1.5为无疲劳出现，大于1.5而小于2.0为轻度疲劳，大于2.0为重度疲劳。

（2）闪光融合率

闪光融合率可作为测试由运动训练引起的中枢神经系统急性和慢性疲劳状态的一项常用指标。在正常情况下感到闪光，而发生疲劳后感到的是连续光点，可看作是视觉系统的兴奋水平下降，即大脑功能水平降低。

(3) 主观体力感觉等级

主观体力感觉等级是一种简单有效的评价运动强度和医务监督的方法，它是介于心理学和生理学之间的一种指标，其表现形式是心理的，但反映的是生理机能的变化。

（三）健康体能测量与评价

健康体能即体质，是指身体对外界环境的适应能力，是通过运动锻炼获得的。可以理解为，身体有足够的活力和精神进行日常事务，还有足够的精力享受余暇活动和应付突发的紧急事件，同时不会过度疲劳。健康体能包括机体的形态、机能和身体素质等多方面的指标，是人的生命活动和劳动、工作能力的基础。保持良好的健康体能可以使身体更健康、精力更旺盛，从而提升生活质量。一个人是否有良好的健康体能与年龄、性别、体型、职业和生理等多种因素都有关系。对健康体能进行测量和科学评价，可全面了解机体的体能和机能状况，从而有针对性地指导科学健身，有效地发挥体育在促进健康方面的作用。构成健康体能的要素包括身体形态及身体成分、心肺功能、耐力、速度和灵敏、协调性、平衡和反应等多方面。健康体能的检测与评价在幼儿、青少年、成年人和老年人等不同年龄段人群有不同的检测指标。

健康体能检测指标包括人体形态指标、人体机能指标、身体素质指标、评价标准。简单介绍如下。

1.人体形态指标

身体形态测量指标包括：身高、体重、胸围、肩宽、骨盆宽、腰围、臀围、皮褶厚度、四肢长度和围度、身体成分等。通过身体形态测量，可以了解人体的发育状况和特点。

① 身高。反映人体骨骼生长发育和纵向高度的主要指标。通过其与体重、其他肢体长度及围度、宽度指标的比例关系，可反映人体匀称度和体型特点，并可以用于计算身体指数、评价体格特征和相对运动能力等。

② 体重。反映人体横向生长及围、宽、厚度及重量的主要指标。不仅反映人体骨骼、肌肉、皮下脂肪及内脏器官的发育情况，还可间接反映人体营养状况。

③ 胸围。反映胸廓大小和肌肉发育状况，是人体宽度和厚度的最有代表性的指标，它在一定程度上反映身体形态和呼吸器官的发育情况。

④ 腰围。在一定程度上反映了腹部皮下脂肪的厚度和营养状况，并可间接反映人体脂肪状态和体型特点。

⑤ 臀围。反映臀部脂肪厚度和体型特点。

⑥ 皮褶厚度。了解体脂肪量、体脂百分比和瘦体重等身体成分的简易指标。

⑦ 体重指数（BMI）。WHO推荐，反映身体成分的简易指标。

⑧ 腰臀比值（WHR）。WHO推荐，反映身体脂肪分布类型的简易指标。

2. 人体机能指标

① 安静心率。了解人体心血管系统功能的简易可行性指标。

② 血压。检测和评价心血管系统功能的重要指标。血压是血液流动时对血管壁产生的侧压力，是心室射血和外周阻力的共同作用。收缩压主要反映心脏每搏量的大小，舒张压主要反映外周阻力的大小，脉压则反映动脉管壁的弹性。

③ 肺活量。测试人体的最大通气能力，反映肺容量和肺扩张能力，是评价人体生长发育水平的常用机能指标。

3. 身体素质指标

① 力量及力量耐力指标：握力反映前臂和手部肌肉力量，纵跳反映下肢弹跳力，背肌力反映腰背部肌肉的最大伸展力。1分钟仰卧起坐或俯卧撑反映肌肉的力量和力量耐力，间接评价肌肉的持续工作能力。

② 速度及灵敏指标："4×100米往返跑"反映人体移动的速度和灵敏性。

③ 柔韧指标：坐姿体前屈是通过测试静止状态下躯干、腰、髋等关节的活动幅度反映各关节及其韧带、肌肉的伸展性和弹性。

④ 协调能力指标主要是指选择反应时，反映人体神经肌肉形态的反应和动作的综合能力。

⑤ 平衡指标主要是指闭眼单足站立，反映人体平衡能力，并用于评价位置感觉。

4. 评价标准

除BMI和WHR外，所有的测量指标单项评分为5分制，评分标准随年龄段不同而有所不同。根据受试者全部指标测定的分数总和进行评定。评定标准可以分为三级：一级（优秀）、二级（良好）、三级（合格）。18～40周岁评定标准也可以分为三级：一级是30～40分，二级是26～29分，三级是21～25分。

BMI评价方法：BMI＜20为偏瘦，20＜BMI＜24为正常体重，24＜BMI＜26.5为偏胖，BMI＞26.5为肥胖。WHR评价方法：女性WHR＞0.85，男性WHR＞0.95为中心型肥胖。

二、生理学指标测量评价及应用

（一）血红蛋白含量

血红蛋白是红细胞中的含铁蛋白质，通常以100毫升血液含血红蛋白的克数表示。国内外不少研究资料表明，血红蛋白含量与运动负荷、训练程度、运动员机能状态及健康状况等有关，因而血红蛋白的含量可以在一定程度上反映运动员的机能状态和运动能力。

研究表明，运动员每100毫升血液中的血红蛋白含量和正常人很接近，男子成人为12～15克，女子成人为11～14克。由于血红蛋白是运输氧的载体，因而血红蛋白含量的高低是影响运动员，尤其是有氧耐力项目运动员运动能力的因素之一。优秀有氧耐力项目运动员的血红蛋白含量一般处于正常值范围的上限，甚至超过上限。经过高原训练后，由于机体处于缺氧环境，使肾脏分泌红细胞生成酶和肝脏合成的促红细胞生成素增加，血液中促红细胞生成素的增加,刺激骨髓生成红细胞,运动员的血红蛋白含量可明显超过正常值范围。

资料表明,大运动量训练开始时,血红蛋白含量下降,这种下降是由于红细胞破坏加速所引起的。坚持一段时间训练后,机体逐渐适应运动训练,血红蛋白含量上升,这时表明运动员能表现出较好的竞技能力。如果血红蛋白持续下降超过10%时,表明对运动训练不能适应,或者说明机能状态不良,可采取调整运动训练量或其他针对性措施,使血红蛋白含量逐渐恢复,如果血红蛋白含量恢复不显著甚至持续下降,则表明存在引起运动性贫血的原因,如过度训练、蛋白质摄入量不足、铁的摄入不足,甚至存在某些病理因素。因此,血红蛋白含量的测定是了解运动员对运动量的适应程度、机能状态、疲劳程度以及健康状况的简单易行的途径。

(二)血乳酸(BLA)

运动员在安静状态下血乳酸的正常值与正常健康人没有差异,其数值在1.5毫摩尔/升以下;在大赛前伴有情绪紧张时,数值会有小幅度增加,但一般不与肾上腺素分泌增多有关。

乳酸是肌糖原或葡萄糖酵解的最终产物,人体在正常生理活动时,血乳酸主要来自体内一些依靠糖酵解获取能量的组织细胞,如皮肤、视网膜、红细胞等,所以乳酸的总量很少。

1.体能训练对血乳酸值的影响

由于运动而导致肌糖酵解供能增加时,肌乳酸生成增多,致使血乳酸浓度随之升高。

(1)决定血乳酸值的因素

血乳酸值的大小主要取决于机体产生乳酸和清除乳酸两者之间的平衡情况。机体产生乳酸的水平又主要取决于运动强度,因为只有运动强度达到一定水平后,才会动用能够大量产生乳酸的快肌纤维。而清除血乳酸的水平取决于机体有氧代谢能力的大小,其中以骨骼肌中慢肌纤维、心肌纤维和肝脏的有氧代谢能力为主。

(2) 不同性质的运动对血乳酸值的影响

肌乳酸生成多少与运动强度关系密切。体能训练中存在的情况有：① 速度性或快速力量性运动主要动用磷酸原系统供能，但在开始和结束时，均有糖酵解参与供能。因此，运动后血乳酸会明显增高。例如，短跑运动员在100米竞赛后的血乳酸值可达10毫摩尔/升。快速力量性运动，虽然强度极大，但由于每次运动时间短（一般不超过数秒），所以它主要动用磷酸原。它还动用糖酵解供能系统，但其量不大，故此类运动后血乳酸值只有小幅度的增加或不增加。② 速度耐力性运动主要动用糖酵解供能，因此，运动后血乳酸值在所有项目中是最高的。例如，全力400米跑后，血乳酸值可以达到25毫摩尔/升以上。③ 有氧耐力性运动由于运动强度小，主要动用慢肌纤维，以有氧代谢供能为主，运动时间相对较长，机体有可能将血液中的乳酸运到心肌、非运动肌和肝脏进行再氧化而清除掉，其结果是在这类运动中血乳酸值增加的幅度不大，稳定在一个较低的水平。

(3) 训练水平对血乳酸值的影响

在速度耐力性运动中，训练水平高者，运动成绩好，血乳酸浓度高。在耐力性运动中，相同亚极量运动时，优秀运动员的血乳酸浓度相对较低。训练水平对不同运动项目后血乳酸值的这些影响特点，可用以评定运动员训练水平或者用于选材。若用在同一个大运动量训练前后的血乳酸浓度比较时，则可以评定训练效果。运动后血乳酸浓度恢复到正常值的速率可以反映机体的有氧代谢能力，恢复速度快表示有氧代谢能力强。

2. 血乳酸指标在体能训练中的应用

有氧阈是指运动肌肉处于完全有氧代谢的最高临界水平，而无氧阈是指运动肌肉开始进入快速糖酵解的无氧代谢的最低临界水平（或者说是引起运动肌肉中乳酸开始累积的无氧代谢的最低临界水平）。有氧阈和无氧阈都是机体有氧代谢水平高低的指标，其不同之处是有氧阈主要表示机体向运动肌肉提供氧的能力，而无氧阈主要表示运动肌肉对氧的利用能力。两者之间有一个从有氧阈向无氧阈过渡的代谢阶段，在此阶段，有氧代谢比例逐渐减少，无氧代谢比例逐渐增加。

血乳酸值是当前体能性项目运动中应用最多的生化指标。从选材、训练强度的控制到对训练效果的评估和有氧、无氧代谢能力的评估，乃至运动成绩的预测等，都得到了很好的应用。运动时，乳酸的产生与运动的强度、持续时间、训练程度以及运动项目等因素有着密切关系。血乳酸峰值的出现时间与运动强度和运动持续时间有关，一般在运动后 3～10 分钟出现乳酸峰值。

（三）最大负氧债能力和碱储备量

最大负氧债的能力是评价无氧耐力水平的生理学指标。一般情况下，人的负氧债能力只有几升或十几升，而优秀的无氧耐力运动员的最大负氧债能力可以达到20升，即体内在无氧酵解供能过程中，即使产生很多的乳酸，肌肉的能量供应仍不会中断。

反映无氧耐力的生理学指标还有血浆碱储备量。每100毫升血浆中所含碳酸氢钠的量称为碱储备。通常情况下，人的血浆碱储备量在50%～70%。碳酸氢钠是中和乳酸产生二氧化碳和水的碱性物质，常称为缓冲物质。显然，碱储备含量高，缓冲乳酸的量多。优秀的无氧耐力运动员的血浆碱储备量可以比正常人高出10%。因此，血浆碱储备量也是评价无氧耐力运动员运动能力的生理学指标之一。

（四）血红蛋白（Hb）

血红蛋白是红细胞中含铁的蛋白质，俗称血色素，其含量占红细胞比重的95%。血红蛋白在体内的含量有利于氧和二氧化碳的运送，也有助于红细胞和血液中pH值的相对恒定，显然这对中长跑运动能力的发挥非常重要。但血红蛋白值过高，会使血液的黏稠度增高，从而降低血流速度，增加心血管系统负担，进而影响肌肉组织的氧气供给和二氧化碳的输出。

1.运动训练对血红蛋白的影响

连日进行剧烈运动有可能导致血红蛋白值下降,运动训练导致血红蛋白水平下降的原因有以下三个方面。

(1)物理性溶血

运动引起的物理性溶血的因素包括使运动员的身体和内脏组织受到摩擦、冲撞和体内的渗透压改变等,这些因素都可以使体内红细胞受到损坏,当然其中的血红蛋白也就被分解了。

(2)化学性溶血

运动训练或竞赛引起人体产生运动性疲劳和精神紧张时,体内肾上腺素分泌增加,促使脾脏收缩加剧,并释放出能破坏红细胞的溶血卵磷脂进入血液中,从而引起红细胞的破损、血红蛋白量减少。另外,运动时随着体内酸性代谢产物(特别是乳酸)及过氧和超氧离子的堆积、缺氧等造成红细胞细胞膜的脆性增加,进一步加强了红细胞被物理性和化学性溶血因素破坏的程度。

(3)红细胞和血红蛋白的再生不足

长时间的激烈运动,不仅会导致红细胞的破坏增加,还可导致运动肌中的蛋白质亢进,亢进的结果,增加了把用于合成血红蛋白的蛋白质而用于合成肌肉蛋白的机会。特别是强度大而时间又长的运动,会导致铁的丢失增多和小肠吸收铁的能力下降,这样就会引起人体产生缺铁性的血红蛋白再生不足。因此,如果训练的负荷量安排适当,营养和休息合理,那么即使是承受大强度负荷训练,由于对训练产生了适应性,血红蛋白和红细胞的再生能力加强,体内的血红蛋白量也会增加。优秀的长距离跑运动员在适应训练后,其血红蛋白量可高达16%～18%。在相同负荷运动时,训练水平高或机能水平高者运动性贫血的发生率低。此外,运动性贫血的发生率还与年龄、性别有关。少儿比成人发生率高,女性要比男性高。

2.血红蛋白在体能性运动项目中的应用

(1)评定机体承受训练负荷的能力

大运动量训练期间,在清晨安静时,血红蛋白量的水平能反映机体对所承受训练负荷量的适应情况。随着运动训练的持续，当产生适应后，促进血红蛋白生成的因素相对起主要作用，血红蛋白量开始回升。中、小负荷量的运动，由于造成血红蛋白量减少的因素不明显，因而对机体的血红蛋白量影响不大。

（2）血红蛋白量与机能状态之间相互影响

通常情况下，机能状态良好时，其血红蛋白量正常或高于正常值，而机能状态差时，可能伴随有血红蛋白量的降低。反之，血红蛋白量的变化在一定范围影响着机能状态。实践表明，当血红蛋白量降低10%以内，对机能状态影响不大，但是降低20%以上会导致机能状态降低，运动能力下降。正因为如此，检测清晨安静状态下的血红蛋白量，可以评估机能状态好坏，这也正是教练员评估运动员状态的基础。

（3）评定营养状况

在其他因素正常情况下，血红蛋白量也可以反映机体内的铁含量，所以可以作为运动员营养状况的评定指标。

（五）血尿素（BU）

血尿素是指蛋白质等含氮物质在分解代谢中脱下的氨基经肝脏的转化变为尿素，尿素由肝脏释放入血，成为血尿素，部分血尿素通过肾脏排入尿中，其生成和排泄处于动态平衡之中，故血尿素能够保持相对稳定。正常成人血尿素值为2.9～7.1毫摩尔/升。

1. 血尿素的生物学意义

尿素虽无毒性，但对人体也没有再利用价值。由于它是蛋白质分解的产物，所以可以从尿素生成量推算体内动用蛋白质的量。蛋白质在人体内主要作为构成人体各组织细胞的"原料"，而不是供能的"燃料"，只有人体处于饥饿、应激和一些消耗性疾病时才会作为"燃料"被动用。因此，只有大负荷的运动训练才会动用蛋白质功能，使血尿素生成量明显增多，因而通过血尿素可以推测运动员承受运动负荷的大小。

2. 体能训练对血尿素浓度的影响

（1）小运动负荷训练

此负荷训练中完全可以由脂肪和糖的氧化供能满足需要，因此机体基本上不动用蛋白质，故血尿素值也不会升高。

（2）机体能适应的大运动负荷训练

运动负荷虽大，在训练后血尿素水平虽有升高，一般超过8.4毫摩尔/升。但由于运动员的机能水平高，经1～2夜休息后，清晨血尿素值便恢复到正常水平。

（3）机体不能适应的大负荷训练

如果运动负荷大到超过承受能力，或运动负荷虽不太大但机能下降（如运动性疲劳没有消除时），这两种情况均会动用蛋白质而导致血尿素升高，且经过一夜休息后仍不能恢复到正常水平。

3. 血尿素的指标在体能性运动中的应用

运动中血尿素作为主要评定运动负荷的指标。在运动训练中，血尿素值升高一般出现在训练课30分钟以后，对训练水平较高者或运动强度不大时，大多数出现在40～60分钟后。从血尿素的升高的值来看，若不变化或变化小于5毫摩尔/升，说明运动负荷对该承受者是小、中负荷。血尿素的值的变动若超过5毫摩尔/升，说明运动负荷大。

另外，可用训练课后次日晨的血尿素的值来看机体能否对运动负荷适应。次日清晨能恢复到正常水平，就说明能承受该负荷。若次日清晨甚至持续3天仍无法恢复者，说明运动负荷超过了机体承受能力或者是运动员的机能降低。不管是哪一种，都应调整训练负荷和训练内容；对后者，更应及早找出原因和采取相应措施。

（六）血睾酮与皮质醇比值

血睾酮是人体的一种主要的雄性激素。正常成年男子每日分泌4～6毫克，血液中的含量为每100毫升0.6毫克。皮质醇是人体肾上腺皮质分泌的一种主要的糖皮质激素。血液中皮质醇浓度在昼夜间的变化很大，一般晨起值最大，以后逐渐减少，到夜晚最低。

生物学意义如下。

（1）血睾酮除了具有促进第二性征发育外，还可以促进人体组织中蛋白质和核糖核酸的合成，使肌肉发达。血睾酮能够增加促红细胞生成素的合成，从而起到加速红细胞合成的作用。另外，血睾酮可刺激抗体增强免疫功能，还能提高机体抗感染能力。

（2）皮质醇可抑制机体蛋白质合成，抑制大脑-垂体性腺系统和睾丸间质细胞分泌血睾酮，加速脂肪和蛋白质的分解代谢，从而有利于机体活动时的能量供给。

（3）血睾酮和皮质醇的比值可以反映机体内合成与分解代谢的平衡状况。该比值高时，合成代谢过程占主要地位；反之，分解代谢过程占优势，即机体处于消耗体能为主的过程。因此，该比值是判断运动性恢复的良好指标。

（4）血睾酮和皮质醇比值在田径运动中主要是作为判断过度疲劳的指标。判断方法是：测定训练次日晨或训练小周期后清晨时血睾酮和皮质醇的比值，若此比值变化范围大于正常比值的30%，则是训练过度。

（七）尿蛋白

安静状态时，尿蛋白主要来自体内组织蛋白质的更新代谢，故其量较少。田径运动员在安静时的尿蛋白量与常人一样，也很少。采用常规检查方法，安静时尿蛋白量检测不出，称之为阴性尿。

1. 生物学意义

运动性尿蛋白是指因运动而引起尿中蛋白质排出量增加的现象。运动性尿蛋白与运动后尿蛋白以及病理性尿蛋白均有区别。尿蛋白本身没有什么生物学意义，它出现的数量和组成成分可作为评定运动员的机能状态和运动负荷大小的指标。

（1）运动后尿蛋白

泛指在运动后而出现尿蛋白，它可能是潜在的病理性尿蛋白和/

或运动性尿蛋白。因此，凡是在运动后出现尿蛋白，必须鉴别是哪一种。

(2) 运动性尿蛋白

指由于运动而导致肾小球通透性增加，肾小管重吸收功能下降而出现的暂时性尿蛋白。经过休息，运动性尿蛋白可以自然消失且无病理性症状。

(3) 病理性尿蛋白

由于泌尿系统的疾病而导致肾小球通透性增加，肾小管重吸收功能障碍而出现的尿蛋白，它通常要经过对症治疗和休息才能逐渐消失且有临床病理症状。

2.影响尿蛋白的因素

(1) 机能状态

在其他条件相同的情况下，机能状态与尿蛋白量呈负相关。

(2) 运动负荷

在其他条件不变的情况下，运动负荷大小与尿蛋白量呈正相关，特别是以糖酵解供能为主的大强度运动负荷，尿蛋白排出量最高。

(3) 年龄

在相同的情况下，通常少儿要比成人的尿蛋白量多。

(4) 环境

在闷、湿、热或寒冷的环境下比常温下出现尿蛋白的量多。

3.尿蛋白在体能训练中的应用

20世纪60年代，我国体育界已普遍应用尿蛋白指标评定运动负荷和运动员状态，这与它的测定方法相对简便有关。但由于尿量的变化和尿蛋白的个体差异，使它的应用受到限制，目前大多用于评定运动员个体的机能状态和承受的运动负荷的大小。评定时，在运动后15分钟收集尿样，测其蛋白量，若机能状态正常而尿蛋白含量多时，说明承受的运动负荷大。若运动负荷与以往相同，而尿蛋白排出量增多，则说明运动员身体机能状况下降。在运动后次日晨测尿蛋白，可以用于评定机体的恢复状况，若运动后尿蛋白量增多，而次日晨消失，表示运动负荷大但机体能适应。若次日晨或持续多日仍有尿蛋白出现，这说明机体不能适应大运动负荷或者机能降低。此时，一方面应调整负荷或停止训练，另一方面要采取相应措施。

（八）尿肌酐及尿肌酐系数

尿肌酐是指存在于尿液中的肌酐。肌酐是肌酸或磷酸肌酸的代谢产物，它们在体内无生理作用，随尿排出体外。肌酐日排泄量相当恒定。

1. 生物学意义

尿肌酐及尿肌酐系数的生物意义基本一样，它们均能反映肌肉数量和肌内磷酸肌酸的含量。瘦体重或肌肉发达者的尿肌酐系数较大，显然，运动员要比同龄非运动者的尿肌酐高。停训数月或肌肉组织有损伤或营养不良而萎缩时，尿肌酐排泄量可明显减少；当恢复时，其排泄量又可增加。在同一专项中训练水平高者，其尿肌酐系数也高。

2. 尿肌酐系数在田径运动中的应用

在运动员机能评定中，尿肌酐系数常用于速度与高强度力量性专项的训练效果评定。显然，在其他条件相同的情况下，尿肌酐系数值高者为佳。训练中尿肌酐系数变化的意义包括：① 若体重不变，尿肌酐系数增加，表明肌中磷酸肌酸浓度增加，或机体的体脂减少、肌肉含量增加；若体重增加，尿肌酐系数不变，则可能表明体重的增加是由于肌肉量的增加引起的，这两者变化都是肌肉机能提高的反映。② 若体重不变，尿肌酐系数减少，必然是肌肉中磷酸肌酸浓度减少；若体重降低，尿肌酐系数不变，则说明肌肉减少。尿肌酐系数和体重都不变，说明训练对肌肉的机能和质量不起明显作用；若体重增加，尿肌酐系数减少，说明体重的增加主要是体脂的增加。

第二节　田径体能训练负荷的安排

一、体能训练的负荷量与负荷强度

运动负荷就是指在受到一定的外部刺激时，机体在生理和心理方面所表现出来的应答反应的程度。在进行体能训练前，一定要对运动负荷的基本内涵有深刻的理解。通常情况下，单纯的外部刺激难以全面、有效、完整地将运动负荷的内涵反映出来。只有把外部刺激与该刺激作用下机体内部应答反应的程度结合起来考虑，才能够全面地掌握和理解运动负荷的内涵。负荷量和负荷强度是运动负荷中两个重要的组成部分，因此，有针对性地增加负荷量和负荷强度，需要从年训练周期的各个阶段和多年训练的过程中整体考虑，并以实际情况为主要依据进行相应的安排和调整。

（一）负荷量

负荷量就是指运动员持续身体活动的时间和练习次数，以及机体在承受外部刺激总量时所表现出来的内部负荷的程度。在运动训练中，要想使运动员达到较高的训练水平，一定要保证达到训练必需的负荷量这一前提条件。

随着训练水平的不断提高，训练负荷量的重要性也越来越大。只有通过足够的训练量，才能够较好地安排负荷量。因此，田径运动训练需要重视的问题应该是如何科学而有效地增加训练量。究其原因，主要是因为增加训练量对于体能类运动项目来说至关重要，如果一次训练课的量本来已经较大，但出于实际情况的需要还要再增大训练的负荷量时，需要注意的是不要单纯地增加一次训练课的量，而是应该增加每个训练单元中训练课的次数。如果一次训练课的量过大，超过运动员本身能够承受的范围，就会导致训练疲劳，使其训练效果有所降低，严重者会产生不必要的运动损伤。

(二)负荷强度

负荷强度是指单位时间内或单个动作中所完成的训练量或所表现出的生理-心理负荷的反应量。具有代表性的有:田径运动员身体练习中的单个动作或某一项目的成绩,都属于该练习的强度或该项目的比赛强度。

由于竞技运动发展越来越快,而负荷强度是竞技比赛中负荷的核心,就是运动员表现出的强大的竞技能力,而运动成绩是一种最主要的强度指标。运动成绩往往同负荷强度呈正比关系。由此可以看出,训练已由过去注重训练的量转向突出训练强度,训练强度在比赛和训练安排中的地位越来越重要,是现代科学化训练中呈现出的一个趋势。

根据不同的划分标准,可以对负荷强度有不同的分类方法。比如,以训练过程为依据,可以将负荷强度分为瞬时强度、平均强度和最高强度;以训练的内容为依据,可以将负荷强度分为训练强度、比赛强度和技术、战术强度等。

只有负荷强度达到或超过一定的阈值水平,才能够提高或达到预期的训练效果。经研究发现,在以爆发力为主的田径运动员的力量训练中,如果其负荷强度比运动员最大力量30%的强度还要低,那么训练是没有效果的。对于以耐力为主的运动项目来说,只有最低心率阈值达到每分钟130次以上,才能够取得较为理想的训练效果。当然,由于运动员的各个方面不同,其要求也有一定的差异性。一般来说,这一阈值应以运动员安静时心率加最大心率与安静时心率之差的60%为主要依据来确定。对运动员施加大强度的负荷刺激,对其运动成绩的迅速提高有着积极的促进作用,但是,这样容易造成机体适应的不稳定和不必要的运动损伤,因此要以具体情况为依据,采取适宜的训练负荷强度,并将负荷量与负荷强度之间的关系把握好。

二、负荷量与负荷强度的关系

以训练与比赛的需要为主要依据,可以从四个方面对运动负荷进行区分，从而对运动训练的负荷量与负荷强度进行合理的安排。这四个方面是：① 专项性程度可以对专项性负荷和非专项性负荷进行区分；② 所用负荷的作用，即针对提高身体素质和能力，或针对发展机体不同的功能能力；③ 以动作的协调难度为主要依据；④ 以负荷的数值大小，可以对不同强度水平和不同量大小的负荷进行区分。

运动负荷量将负荷对机体刺激的数量特征充分反映出来，而运动负荷强度将负荷对机体的刺激深度充分反映出来。两者彼此依存又相互影响。任何负荷量都是以一定的强度为条件而存在的。同样，任何运动负荷强度是在一定负荷量的基础上而存在的。

三、运动负荷的科学安排与控制

田径体能训练中运动负荷的安排与控制，受到超量恢复、应激原理以及生物适应规律的影响。

1.超量负荷与应激原理

超量负荷就是指只有在训练中不断地提高运动负荷水平，打破机体对原有负荷的适应，在新的负荷水平下，达到新的平衡，如此循环往复，才能使训练水平逐步提高，从而使竞技水平不断得到提高，进而达到取得优异成绩的目的。应激原理是指人体对外部突发性的强烈刺激，包括生理层次和心理层次所产生的一种适应性反应。能够引起应激状态的因素有很多，较为重要的因素是应激源，也就是指外部的刺激因素。需要注意的是，对应激源的刺激必须超出日常水平，在这样的条件下，才能够产生"应激状态"，否则应有的应激状态是不会产生的。

应激反应有正反两个方面。它能引起良性的应激反应和状态，还能造成非良性的应激反应和状态。这就要求运动员在训练中根据自身的身体状况合理地安排运动负荷量与运动负荷强度。通常情况下，可以分为三个阶段：① 警戒阶段。应激刺激对人体运动前起到一定的作用，人体处于一种高度戒备和防御的状态。② 形成阶段。

机体在承受应激刺激后,即由警戒阶段转为抵抗阶段。机体在中枢神经系统的指挥下进行总动员,对面临的刺激进行抵抗。具体表现在:一系列包括交感神经兴奋、肾上腺激素分泌增加以及胰岛素升高等的神经-体液的变化。机体在稳定的应激状态下,承受一定的刺激,逐渐形成对这种应激刺激的有效适应,从而导致应激水平有一定程度的提高。这时,人体的适应能力会得到一定程度的增强,体内能量储备增加,可使迅速进入状态的能力得到有效提高。③衰竭阶段。如果机体受到的应激刺激强度过大、时间过长,机体内各工作系统就会转化为另一个状态,也就是衰竭的消极状态,即进入衰竭阶段。在这一阶段中,会出现机体工作能力下降的情况,并且会有各种异常反应出现。如赛前长期处于紧张、焦虑的应激状态,就会导致赛前出现各种各样的不适,对比赛水平的发挥产生一定的影响,难以创造出优异的比赛成绩。

2.运动负荷要服从生物适应的规律

每一个生物系统都处于一种动态平衡的状态中,而训练就是打破平衡→适应→再打破平衡→再适应。如此反复,从而起到积极的促进作用。在田径运动体能训练中,运动员所能承受的运动负荷主要有承受能力和专项竞技的需要等,具体介绍如下。

(1)运动员的承受能力

长期参加体育运动训练,能够达到人体机能对运动负荷产生有效适应的目的。一般来说,未经任何训练的人的动员阈(即可以随意动员的身体最大机能能力的阈值)约为本人应有的绝对最大工作能力的70%,而经常参加运动训练的人,其动员阈可提高到90%以上。通常情况下,少年比成年、初学者比高水平运动员、女运动员比男运动员、健康状况不好或前次负荷后疲劳尚未消除时比正常情况下运动员的承受能力要差。

(2)专项竞技的需要

以竞技能力主导因素的不同为主要依据,可以将田径运动中各项目分为两种,一种是速度力量性项目,另一种是耐力性项目。不同的项目，机体负荷的侧重点有一定的差异性。从生理角度来看，速度力量性项目能将个人的体能水平充分显示出来，运动速度快、肌肉活动强度大、动作幅度大，以无氧供能为主。耐力性项目属于大、中强度的肌肉活动，心肺功能突出，以有氧供能为主。

3.运动负荷的设计与安排

运动负荷的设计与安排都有非常重要的意义。现代化的运动训练需要对运动负荷进行科学的安排和调控，从而达到促进运动员训练水平和竞技能力共同提高的目的。

在进行运动负荷的设计与安排时，应综合考虑练习的次数、组数、时间、距离、速度、负重量、间歇时间与方式等各种负荷因素，以及场地、练习环境等，尽可能地根据实际情况提出合理的训练方案，即整体负荷方案。

通常情况下，要实现运动负荷的主要途径有以下两条：一是突出运动负荷强度控制负荷量；二是突出负荷量控制负荷强度。需要注意的是，负荷总量的组合方式不同，所产生的训练效果也不同。这就要求与自身的具体实际相结合，有针对性地进行选用。

通常情况下，突出训练负荷量对机体的刺激较为缓和，对于保持较长的超量恢复时间，以及对田径运动中耐力性比赛项目的赛前训练都非常有利。而突出运动负荷强度，则对机体产生较为强烈的刺激，能对机体适应水平的提高起到促进作用。也存在一定的弊端，主要表现为：保持时间较短，不太容易稳定和巩固。量与强度相结合的方式对田径运动中比赛时间较短的速度力量性项目较适合，具有代表性的项目有100米跑、200米跑等。

因此，在进行田径运动体能训练时，必须要以运动负荷的多方面因素为主要依据，对运动负荷进行合理的设计与安排，从而制订出最佳的组合方案。

在田径体能训练中，常见的运动负荷的安排形式主要包括以下几种。

① 波浪形。主要表现为：运动负荷的节奏变化呈现出反复逐渐

上升和下降的趋势,变化较为缓和,对机体刺激不强烈,比较容易恢复和适应,这种形式适合于少年儿童及田径体能训练的初学者。

② 斜线渐进形。主要表现为:在运动训练过程中,负荷量呈斜线上升,多在运动员初期或某一短期训练阶段运用,适合于田径体能训练的初学者。

③ 直线稳定形。主要表现为:在运动训练的过程中,负荷量较为稳定,节奏变化不明显。目前许多高水平田径运动员普遍运用的方法是:在保持运动负荷量相对稳定的条件下,通过负荷强度的变化来调整运动负荷。

④ 阶梯形。主要表现为:负荷的增加呈现出平台式上升的状态,没有明显的下降。这种方式运动负荷的保持与增加,具有多种形式,对中小周期的负荷安排较为适用。

⑤ 跳跃形。主要表现为:它是一种大强度的负荷形式,在运动员训练准备期的第二阶段或比赛期中用得较多。对于高水平运动员训练较为适用。跳跃形的运动负荷安排可以按照下列步骤进行:第一,运动负荷强度剧烈增大,目的是为了达到机体训练适应的新的动态平衡,促进超量恢复;第二,运动负荷剧烈下降,目的是为了达到使机体迅速恢复并产生明显的超量恢复;第三,逐步增加运动负荷到稍低于突然增加时的负荷水平,目的是为了达到使机体再一次接受逐步提高的负荷刺激;第四,保持稍低的运动负荷水平,目的是达到使机体对负荷产生有效的适应;第五,将运动负荷提高到超过突然增加时的负荷水平,目的是使机体承受运动负荷的能力达到一个新水平。

在设计和安排运动负荷时,为了取得理想的训练效果,要注意以下四个方面:① 人体所能承受的最大负荷量;② 机体产生有效适应所必需的最小运动负荷;③ 恢复时间的长短要以自身具体实际情况为依据;④ 以运动负荷的评价标准为主要依据,对实际负荷水平的效用进行评价,及时修改和调整运动负荷方案,以达到促进训练水平提高的目的。

比赛性运动负荷与专项运动负荷之间有一定的差异。通常情况下，比赛性训练的负荷要比专项比赛的负荷低一些。因此，在安排比赛性训练负荷时，应注意以下三个方面：① 将最佳负荷值确定下来，将训练和比赛的强度、最大负荷量、最高生理负荷值以及各种不同负荷后的最佳间歇时间与间歇方式明确下来。② 在运动训练的过程中必须要注意运动负荷的系统性、节奏性和连贯性，以达到保持整个运动训练系统的稳定性。③ 训练中运动负荷的安排形式有很多。通常来说，安排的顺序是先增加运动负荷量，后增加运动负荷强度。当运动负荷量达到一定水平后，逐步减量，同时增大负荷强度；先增加（或先减少）一般运动负荷，后增加（或后减少）专项运动负荷量，准备训练阶段先加量，然后增加运动强度；比赛训练阶段则适当减运动负荷量，然后减运动强度，保持合理的专项强度；先安排无氧非乳酸性负荷的训练内容（如速度力量练习），后安排无氧糖酵解性负荷的训练内容（如速度耐力练习），最后安排有氧性质的负荷训练内容（如一般耐力练习）。

通过现代化科学手段的运用，对运动负荷进行科学合理的设计与安排，不仅可以充分利用运动负荷之间的良性迁移作用，使机体产生良性刺激，还可以对机体的恢复起到有效的促进作用，防止运动损伤的发生，从而对运动训练水平和比赛成绩的提高起到积极的促进作用。

第三节　田径体能训练测定

一、有氧适能的测定

有氧适能是指人体摄取、运输与利用氧的能力，也常被称为有氧工作能力。有氧适能的水平能将人体心血管系统、呼吸系统和肌肉组织的功能水平充分反映出来。通常情况下，心肺功能可以在一定程度上将人体的身体发育水平、体质的强弱与运动训练水平反映出来。有氧适能的测定就是对人体心肺功能的测定。测定人体心肺功能的方法主要是定量负荷试验法。当给予机体以定量负荷时，机体对心搏量、肺通气量、吸氧量等的需要会增加几倍，甚至几十倍，心肺功能的水平表现出的难度小。因此，定量负荷试验法对人体心肺功能的测定具有重要的作用，是一种科学的、合理的方法。

（一）有氧适能测定的意义

人们在日常工作和生活中均以有氧氧化供能为基础，属于有氧工作的范畴。通常来说，可以用活动或工作时的吸氧量表示有氧工作的水平。有氧适能的水平越高，代表有氧工作的能力越强。由此可见，人们在日常生活中，学习与工作能力的高低与有氧工作能力关系密切。因此，对有氧适能进行测定，并以测定的状况为主要依据，有针对性地采取相应的措施和手段来提高人体有氧适能的水平，对人们的适应能力和健康水平具有非常重要的意义。

（二）有氧适能测定的方法

田径体能训练中测定有氧适能的方法有很多，其中最主要的是对心血管机能、呼吸系统机能、最大吸氧量以及个体乳酸阈值的测定，具体如下。

1.心血管机能试验

对心血管机能进行测定的试验主要有一次负荷试验和联合机能试验两种。

（1）一次负荷试验

① 30秒20次蹲起。该试验的特点主要是负荷量较小，对于刚刚参加体育运动锻炼的大学生较为适用。测试方法：让受试者静坐10分钟，测量安静时的心率和血压，然后令其30秒匀速蹲起20次。下蹲时足跟不离地，两膝要深屈，两上肢前平举。起立时恢复站立时姿势。蹲起至20次结束后立即测10秒的脉搏，紧接着在后50秒内测血压。如此连续测3分钟。

评价标准：如果运动负荷后脉搏上升不高，血压中等升高，3分钟内血压、脉率基本恢复到安静时水平，就说明试验者的心血管机能良好；如果运动负荷后脉搏明显上升，血压上升不明显或明显，3分钟内脉搏和血压均未恢复到安静时水平，那么说明试验者的心血管机能较差。

②原地15秒快跑。测试方法：首先，测定受试者处于安静状态下的脉搏和血压，然后令其以百米赛跑的速度原地跑15秒后，立即测量10秒的脉搏，紧接着在后50秒内测血压。连续测试4分钟。

评价标准：测定应以运动负荷后心率和血压升降幅度及其恢复时间为主要依据。通常情况下，测定的结果有五种类型，即正常反应、紧张性增高反应、梯形反应、紧张性不全反应和无力性反应。

测试过程中要以具体情况为主要依据做出具体分析，在评定试验结果时，要通过多次重复测定才能做出结论。

（2）联合机能试验

联合机能试验由三部分组成，即原地慢跑3分钟（男）或2分钟（女）、30秒20次蹲起和15秒快跑。运动负荷强度大和试验时间长是联合机能试验的主要特点，其对运动员心血管系统机能的评价较为适用。

试验的步骤为：先按一次负荷试验的方法，测量安静时的心率和血压，接着按顺序做3组一次负荷试验。具体的试验方法是：① 原地慢跑3分钟（男）或2分钟（女），速度为每分钟180步。跑后测量5分钟恢复期心率和血压。② 30秒20次蹲起做完后测量恢复期的心率和血压，共测3分钟。③ 15秒原地快跑要求以百米赛跑的强度进行，跑后测量恢复期心率和血压，共测4分钟。

评价标准：参照15秒快跑一次负荷试验的五种反应类型来对心血管系统机能的水平进行评定。在联合机能试验中，20次蹲起对经常参加体育锻炼的人来说可视为准备活动，原地快跑代表速度负荷，原地慢跑代表耐力负荷。该试验能够充分反映出运动员的血管对速度与耐力的适应能力。

2. 呼吸系统机能试验

对呼吸系统机能进行测定的方法有很多，可以根据实际情况有针对性地选择以下几种方法。

（1）肺活量测试

肺活量是指人体尽量深吸气后再尽力呼出气体的总量。

测试方法：受试者面对肺活量计站立，先做一两次深呼吸，再吸一口气后将气尽量呼出，直到不能再呼气为止。测量3次，取最大值。呼气时要保持身体直立，不许弯腰和换气。根据相关调查得知，我国男子肺活量正常值为3500～4000毫升，女子肺活量正常值为3000～3500毫升。

（2）5次肺活量试验

测试方法：连续测试5次肺活量，每次间隔15秒（包括吹气时间在内），记录各次测试的结果。

评价标准：测试完成后统计结果，如果各次肺活量值基本相同或逐次增加，说明测试者的呼吸机能良好。如果5次结果逐渐下降，尤其是最后两次明显下降，说明测试者机能不良（如机体疲劳等）。

（3）肺活量运动负荷试验

测试方法：先测安静状态下的肺活量，然后作定量负荷（如30秒20次蹲起、1分钟台阶试验或3分钟原地抬高抬腿跑等），运动后立即测肺活量，每分钟一次，共测5次，记录结果。

评价标准：运动负荷后的5次肺活量结果逐渐增大或保持安静，说明测试者机能良好；如果运动后的5次结果逐渐下降，到第5分钟仍未恢复，说明测试者系统机能不良。

（4）屏气试验

测量深吸气（或深呼气）后的屏气时间的试验。测试方法：试验前先令受测者安静休息，自然呼吸。当听到受测者做一次深吸气（或深呼气）后立即屏气（为防止漏气可用手捏住鼻子），同时开始用秒表计时，直至不能再屏气为止，记录下测试的时间。根据相关调查得知，深吸气后的屏气时间，一般来说，我国健康男子为35～45秒，女子为25～35秒。

测定标准：一般来说，屏气时间越长，对缺氧的耐受能力和碱储备水平就越高。体育锻炼水平高者，深吸气后的屏气时间可达60

秒以上，深呼气后的屏气时间也可在40秒以上。

（5）重复屏气试验

测试方法：连续测量受测者3次屏气的时间，每次间隔45秒。

评价标准：如果重复测量的屏气时间逐次延长，表示呼吸循环系统的机能水平高。延长的时间越长，表示机能水平越好，反之亦然。

3. 最大吸氧量的测定

所谓的最大吸氧量就是指在剧烈运动时，循环和呼吸等内脏器官所能达到的最高水平，每分钟摄入并由机体消耗的最大氧量，能够充分反映人体最大有氧代谢能力，心肺功能氧的转运能力（包括心输出量、血红蛋白、毛细血管密度）和肌肉对氧的吸收、利用能力（包括线粒体多少、酶活性）。

4. 个体乳酸阈值的测定

"乳酸阈"也被称为"无氧阈"，它是以血乳酸浓度值和运动强度二者之间变化的关系为主要依据提出的。

运用个体乳酸阈值的测定方法对运动员的有氧适能进行测定，可以对不同个体有氧代谢能力的优劣和差异进行对比和判断，从而以个体情况为依据选择出最合理的训练强度与训练计划。

在递增负荷运动中，血乳酸浓度会随运动强度的增加由缓慢升高转变为快速升高的过程，在这一过程中，血乳酸浓度有一个快速积累的起点（OBLA）。1981年，加拿大学者Jacob将这一点定为4毫摩尔/升，主要用来对在长时间运动中，血乳酸浓度保持稳态水平的最大有氧代谢能力进行标示。由于此点血乳酸的积累与清除速率相等，因此它是有氧耐力好坏的灵敏指标，不仅能够将"中枢"的呼吸循环系统的供氧能力充分反映出来，而且能将运动肌肉对氧的利用能力充分反映出来。

对乳酸阈进行测定的方法有很多，都是以乳酸功率曲线为基本原理，采用逐级递增负荷的方法进行测定的。因此，运用各种方法所测得的乳酸阈值具有高度的相关性。

二、人体肌适能的测定

人体的肌适能主要包括两个方面,即肌肉力量和肌肉耐力。肌肉收缩时所产生的最大力量,就是所谓的肌肉力量。力量是实现一切身体活动的基础,人在生活或工作中进行的活动几乎都需要对抗阻力。肌肉力量可以分为静力性力量和动力性力量。对力量产生影响的因素主要有神经系统的调控功能、肌肉的生理横断面、肌纤维类型、肌肉收缩前的初长度、性别和年龄等。肌肉保持长时间收缩的能力,就是所谓的肌肉耐力。肌肉耐力是人们正常工作和运动员取得优异成绩的重要因素之一。

(一)测定人体肌适能的意义

20世纪90年代以后,大量的研究者开始对均衡发展"健康体适能"进行倡导。他们的主要观点是要将心肺功能和肌肉力量的提高统一起来,在平时要多做有规律的负重练习,这对人体健康的体适能具有良好的作用。

具体来说,这主要体现在以下几个方面:① 对提高或维持骨密度,避免骨质疏松症的发生有较大的帮助;② 可使神经对肌肉的控制能力得到改善,促进肌肉发育,维持肌肉质量;再次,可对身体成分进行优化,促进体重增加;③ 可使肌肉中结缔组织的强度得到进一步强化,缓解腰背疼痛和行动迟缓等;④ 可使自我意识得到进一步完善,强化信心,并使完成日常生活和工作的能力得到增强。目前还没有充分的证据证明,负重练习可以达到明显地降低慢性疾病的发生率和提高人体的有氧代谢能力的效果。

肌肉力量的大小和变化对于增进人体健康和运动员创造优异成绩有着极为重要的作用,由此可知,掌握肌肉力量现状、评价力量训练效果和发挥肌肉力量作用的最关键的环节就是测定与评价人体肌肉力量的大小和变化。只有具备良好的肌肉力量和肌肉耐力,才能够达到提高活动效率的目的。因此,这就要求人们特别重视肌肉力量与耐力的发展和提高。通常情况下,青少年的身体各部,尤其是颈背腰部肌肉的力量与耐力水平较差时，长时间的学习容易产生肌肉疲劳与酸痛的现象，进而对学习效率与身体健康产生一定的影响。

（二）测定人体肌适能的方法

人体肌适能以测定根据目的的不同，可以分为一般力量测定与专门力量测定。一般来说，测定一般力量的主要目的是对机体各主要部位肌肉力量的发展水平进行了解。专门力量测定的对象主要是不同项目的运动员、神经肌肉系统疾病患者等特殊人群，因此，在测定手段方面与一般力量的测定有一定差异性。两者的不同之处在于专门力量测定主要是采用特异性的测定手段。但是，无论是一般力量测定还是专门力量测定，其测定内容都包括等长肌力、等张肌力和等速肌力等的测定。

1. 等长肌力的测定

等长肌力是肌肉力量的一种重要表现形式，在运动员运动训练、体育活动和日常活动中较为常见。具有代表性的等长肌力有"十字支撑"和"直角支撑"、武术的"站桩"、日常生活中的"静坐"等，在这些活动中等肌力均发挥着重要作用。同时，等长肌力常被用作肌肉力量评价方法和评价指标。

通常情况下，等长肌力的测定是指最大等长肌力，主要包括对握力、臂力和腿部力量等方面的测定。等长肌力的测定用到的手段一般为握力计、背力计等。除此之外，自动化和集成化程度较高的专门的肌肉力量测试系统也较为常用，主要包括等速肌力测试系统（关节运动速度设定为0）和力传感器实施测量等。

等长肌力测定的优点主要表现为：方便、省时和不需要昂贵的设备。除此之外，其检测结果与通过其他方法获得的检测结果具有很好的一致性。等长肌力的测定一般要进行2～3次，取最好成绩。

2. 等张肌力的测定

等张肌力是动态肌力的一种表现形式。竞技体育和康复医学的肌肉力量评价中的三种主要类型为最大等张肌力测定、肌耐力测定和肌肉功率测定。具体如下。

(1) 最大等张肌力测定

最大等张肌力的形式主要有卧推、屈臂、蹬腿以及负重蹲起等。通常情况下，可以一次成功完成的最大重量，即1次重复重量（1-RM）来表示最大等张肌力的大小。在进行最大等张肌力的测定时，不同肌群测量的起始重量通常略低于1-RM重量，在完成该负荷的测定后，休息2～3分钟，继续完成新的重量，直至达到1-RM重量。

(2) 肌耐力测定

通常来说，可以以一定百分比（70%）下的RM为负荷重量，让受试者按规定次数完成练习，并将练习的次数记录下来，用以表示肌肉耐力的水平。测定的方法还有俯卧撑、仰卧起坐和单杠引体向上等练习。

(3) 肌肉功率测定

肌肉功率测定是最大肌肉功率的测定。测定肌肉功率的方法有纵跳摸高、立定跳远、小球掷远等。除此之外，可以采用其他的测定方法，比如通过简单的仪器与设备进行测定，较为典型的有通过自行车测功仪进行的无氧功率试验，通过快跑台阶进行的下肢功率试验等。

3. 等速肌力的测定

等速肌力测定是一种关节运动速度恒定，而外加负荷阻力呈顺应性变化的动态运动概念和动态肌力评价的方法。目前，现代体育科学、康复医学和临床医学等学科都广泛应用等速肌力来测定肌肉力量。其主要测定方法有快等速测定和慢等速测定，具体内容如下。

(1) 快等速测定

通常来说，快等速测定以180度/秒以上的关节运动角速度进行。高水平运动员可采用240度/秒或300度/秒。运动员在进行运动训练时，由于加载于肢体的运动负荷阻力较小，关节运动速度较快，因此，其主要是对肌肉耐力等动态肌肉功能进行检测和评价。输出功率和肌肉耐力是主要的测试指标。

① 输出功率。通常情况下，快等速测试对于肌肉输出功率的反映更加准确。肌肉的输出功率不仅受到峰力矩的影响，同时还受到运动幅度和力矩曲线形态的影响。

② 肌肉耐力。肌肉耐力等速测试主要包括耐力比测定和50%衰减试验。耐力比测定的方法为以180度/秒关节运动角速度连续做最大收缩25次，计算其末5次（或10次）与首5次（或10次）做功量之比。50%衰减试验方法为以180度/秒或240度/秒关节运动角速度连续做最大收缩，直到有2～5次不能达到最初5次运动平均峰力矩的50%时为止，以完成的运动次数作为肌肉耐力评价的参数。

（2）慢等速测定

慢等速测定就是采用等速测力系统以30～60度/秒关节运动角速度进行的动态肌肉力量测试。由于在此慢速运动条件下加载于肢体的负荷阻力较大，因此慢等速测试被广泛用于对最大动态肌力的检测与评价。慢等速测定的主要指标有峰力矩、峰力矩角度、屈伸肌力矩比和力矩加速能等：① 峰力矩指标是指力矩曲线最高点所代表的力矩值，单位为牛·米，每千克体重的峰力矩称为峰力矩体重比；② 峰力矩角度指标是指峰力矩出现时关节所处的角度，是关节的最佳用力角度；③ 屈伸肌力矩比指标通常以慢速运动时的峰力矩计算，也可在不同速度及特定角度时计算；④ 总做功量指标是指1次或一定次数运动后所做功的总量，单位为焦耳；⑤ 力矩加速能指标是指力矩产生1/8秒内的做功量。

三、人体柔软度的测定

人体柔软度是指人体关节的结构与关节周围肌肉、韧带、皮肤与脂肪等软组织的伸展性与弹性。通常情况下，人体的柔韧性与中枢神经系统对肌肉的调节（尤其是肌肉紧张与放松的能力）有着密切的关系。

柔韧性对参加田径体能训练具有非常重要的作用，这是因为当肢体动作超出了正常范围时就会引起一定的运动损伤。如果人体具备一定的柔韧性,就能降低这种潜在的危险,使运动损伤发生的概率大大降低。如果具有良好的柔软性,那么在运动训练时,肢体与躯干的活动范围就大,肌肉被拉伤的概率会大大降低,关节扭伤也不容易出现。反之,则很有可能造成各种各样的问题,如腰背痛、肩颈疼痛等。

人体柔软度的测定方法:受测者赤足坐于垫上,两腿并拢,膝关节伸直,脚尖朝上(布尺拉于两腿之间)。受测者足跟底部与布尺25厘米记号处平齐。上身缓慢往前伸展,双手尽可能向前伸,当中指触及布尺后暂停1～2秒,以便记录。评价标准:测量3次,取最佳值作为评价依据;数值越高,代表柔软度越好。

第四节 田径体能训练的评价

一、田径体能训练评价的意义

1. 对身体素质的增强较为有利

对人的健康产生影响的因素有很多,这不仅同生理因素有关,而且与人的心理因素有密切的联系。根据相关调查得知,多数学校对体育卫生工作并不重视,从而导致我国人民健康状况不佳,比较具有代表性的有体检合格率低;体型偏瘦,耐力素质不佳;心理承受能力较差。从另一方面来讲,导致人们身体健康和精神健康方面存在问题的原因有很多,如社会、学校、家庭等因素,但主要原因是对人们身体健康状况的监督较为匮乏。体能是人身体健康状况的综合表现,体能水平的提高对人们健康水平的提高具有重要的作用和意义。因此,做好体能训练的评价能从整体上反映人们的健康状况,从而更好地督促人们进行体育锻炼,使其运动能力得以提高、身体素质得以增强。

2. 为学校实施素质教育和体育改革提供有力的依据

进入新世纪以后,我国加快了素质教育的改革。新形势下,国家更加重视"以人为本"的教育思想,更加看重人的发展。由于现代社会"文明病"盛行,使得发展人的体能成为重要的方面。由于学生体能训练评价具有重要的信息功能,因此,其能够在一定程度上为素质教育的进行和体育教育改革提供必要的事实依据。主要表现为:① 为科学地制订教学和训练计划提供必要的依据。大体了解学生的身体发展状况,制订一套切实可行的教学和训练计划,这不仅关系到教学内容、训练方法及手段的选择,而且与能否顺利地达到既定目标有着密切的关系。因此,通过对学生体能训练的诊断评价,可使教师对每个学生的身体发展状况有一个全面、客观的了解,从而有针对性地制订教学与训练计划。② 为调控教学训练过程提供依据。在结束某个阶段性的教学和训练后,每个学生的实际情况都会随着教学过程的进行而发生相应的变化。因此,这就要求体育教师要与具体实际情况相结合,比如在田径体能训练中,某些学生不能很好地掌握某项技术,可能是由于这些学生并不具备掌握该项技术所必需的有关素质,而并非他们本身接受能力差。因此,在田径体能训练中,借助形成性评价,体育老师就能从学生那里得到及时的反馈信息,并以此为主要依据,对教学和训练的内容、方法、手段和计划进行适当的调整,从而实现预期的教学目标。③ 为修订教学和训练大纲提供依据。在完成阶段性的教学与训练工作后,体育教师应根据教学大纲、教学计划及其目标的完成情况,对学生技术技能的掌握程度、身体机能能力的改善情况等做一个总结。这些信息获得的主要途径是阶段性教学和训练结束后的综合评价,它能够为进一步修订教学和训练大纲提供科学的依据。

综上所述,通过评价学生体能训练,能够对学校体育的进行起到积极的促进作用,从而达到推动素质教育开展的目的。

3.对全民健身计划实施的推动有一定帮助

我国全民健身计划的实施,对于国民身体素质的增强起到了重要作用,是发展我国体育事业的一项重大举措,具有全局性、战略性的意义。一个健康的体魄,是全面发展和提高人的综合素质的首要条件,因此,应该加强学生体能的训练。另外,人们体能水平的发展对群众体育的开展有着十分重要的影响。

体能训练的评价能够指导和促进大众身体健康水平的提高。除此之外,体能训练的评价还具有甄别与筛选的功能,在体能训练评价的过程中,可以发现更多的具有运动潜力的竞技体育人才。同时,对人们进行科学的体能训练评价,能够对业余训练起到有效的监督作用,使对竞技人才的培养更为有效,从而达到减少体育人才浪费的目的。

4.对学校体育科学研究的加强起到积极的促进作用

在体育教学与训练的过程中,制订科学、合理的体能训练计划,按计划进行体能训练,并进行阶段性的体能训练的评价,不仅能够使教学和训练的科学性得到有效提高,还能够从中总结和发现一些规律,从而提高体育教师的业务水平和科研能力,进一步加强学校体育科学的研究工作。而只有借助于各种评价方法和手段,体育教学和运动训练过程中对体能评定的各种考核标准的制订、评价模式的建立、运动成绩的预测和选材等,才能获得科学的评价结果,在这个过程中,教师或教练员的科研能力将得到进一步的提高。

在体能训练的评价中,如果采取全国范围的标准化、规模化的评价方法,不仅能够掌握全国人民的体能训练水平,还能够对其身体素质的现有水平,以及与经济发达国家的差距、预测未来的发展趋势和可能达到的水平等也有一定的认识。体育有关部门及体育教师就可以从中获得各种有价值的信息,在制订体能训练计划时,减少主观性和盲目性,做到决策的准确性和科学性。

二、田径体能训练评价的指标

田径体能训练的评价指标主要有身体形态、身体生理机能水平以及身体素质与运动能力等,具体如下。

1.身体形态指标

人体形态的指标根据"国际体力测定标准化委员会"(ICPFR)

和"国际生物学规划"(IBP)的测定方案,可以分为体脂成分、体格、体型、身体姿势等几个方面。① 体脂成分:反映一个人的营养状况与体质水平。根据相关研究发现,如果体脂成分过少,说明营养不良或患有某种疾病;反之则说明营养过剩或内分泌系统有疾病。测量体脂成分常用到的方法有水下称重法和皮褶厚度法。② 体格指标:体格就是指人体外部形态、结构、发育状态和体能水平主要包括长度、围度、宽度和体重等几个方面。长度主要包括身高、肢长(上肢长、手长、指距、下肢长、小腿加足高、小腿长)、坐高;围度主要包括上臂紧张围和上臂放松围、胸围、腰围、大腿围、小腿围等;宽度主要包括肩宽、骨盆宽等;体重是身体的重量。③ 体型指标:体型就是人体某个阶段形态结构及其组成成分。影响人体型的主要因素有性别、年龄、生活环境、营养、遗传等。体型主要分为肥胖型、瘦长型和匀称型。通常情况下,肥胖的体型体力较差,体能较弱,瘦长型则无力。因此,只有正常的匀称型才具有较高体能。④ 身体姿势指标:身体姿势指人体各部分在空间的相对位置或存于空间的状态。测评身体姿势的常用方法有整体姿势测评和局部姿势测评。驼背、O形腿、扁平足等不利于人体运动能力的发挥。因此,人们在日常体能训练中一定要掌握好基本的身体姿势,及时纠正不良的身体姿势。

2.身体生理机能水平指标

所谓的身体生理机能水平是机体新陈代谢的功能和各器官、系统的工作效能,它包括的身体机能主要有:① 呼吸机能,主要包括肺活量、最大摄氧量等,测定呼吸机能指标的方法主要有5次肺活量试验、定量负荷后5次肺活量试验、闭气试验等,具体根据实际情况进行有针对性的选择。② 心血管机能,主要包括脉搏、血压、耐力指数等。此外,运动负荷下的心血管机能,测定的方法主要有20秒30次蹲起、哈佛式台阶试验等。

3.身体素质与运动能力指标

身体素质与运动能力的评价指标主要有:① 速度,主要包括反应速度、动作速度、位移速度。② 力量，主要包括静力力量（握力、背力），爆发力（立定跳远、纵跳），肌肉耐力（引体向上）。③ 耐力，主要包括有氧耐力和无氧耐力。④ 柔韧性，指肩、腿、臂、脚等部位的柔韧性。⑤ 灵敏性，指迅速、准确、协调地完成动作的能力。⑥ 平衡性机能，主要包括动力性平衡机能和静力性平衡机能两种。⑦ 运动感知机能，主要包括用力感知机能、上肢定位机能、重量感知机能和空间感知机能等。

三、田径体能训练评价方法

田径体能训练评价方法因对田径体能训练评价的目的、评价指标性质与评价对象的不同而有所不同。主要分为定量指标的定量评价方法和定性指标的定量评价方法。

1. 定量指标的定量评价方法

定量指标就是指能够用一定的计量单位进行定量描述的指标。一般来讲，对这类指标的定量评价，最普遍的是使用仪器测量所获得的数据，并应用数理统计方法设计评价方法。这种评价方法的优点是客观和准确。体能训练评价的指标中，定量指标主要包括形态、机能、身体素质和运动能力等。

（1）评价形态和机能发育水平常用的方法

① 普通相关性，即先用离差法（或百分位法）评价身高，再以身高为自变量，分别以体重、胸围为因变量的回归直线为基准值，以其标准估计误差为离散距，综合评价身高、体重、胸围等发育指标的一种身体发育评价方法。② 指数法，就是指根据人体各部分之间的比例及相互关系，并借助于一定的数学公式，将两项以上的指标联系起来并结合成某种指数，用以评价身体发育水平的一种评价方法。③ 百分位法，即以大数量横剖面调查资料的中位数（第50百分位数）为基准值，以其余各百分位数为离散距，分等评价身体发育水平的方法。④ 离差法，即以大数量的横剖面调查资料的平均数为基准值，以标准差为离散距，分等评价身体发育水平的一种评价

方法。使用这种方法时，为了保证良好的评价效果，必须要具备的前提条件是指标应呈正态分布或基本上近似于正态分布。指标呈正态分布（或基本呈正态分布）时，平均数位于正中，其余值较对称地分布于平均数的两侧。分布的范围与平均数和标准差呈一定的数量关系。

（2）对身体素质和运动能力的评分与评价方法

身体素质和运动能力就是指人体各器官系统在肌肉活动中所表现出来的机能。力量、速度、耐力、灵敏协调和柔韧等五大身体素质以及走、跑、跳、投、攀爬等运动能力都属于身体素质和运动能力的范畴。评价身体素质和运动能力的方法主要有：① 标准百分法。标准百分法实际上是利用了离差法的原理制订的评分标准，较其他评价方法来说，其评价的等级分为细致和详细。以正态曲线下面积分布的理论为主要依据，±2.5秒包括了98.76%的频数、±3秒包括了99.7%的频数。在制订评分表时将评分表的两级分数（0～20分或0～100分）规定在±3秒范围内，更能反映总体的实际情况。② 分组指数法。在身体素质和运动能力方面，不同的年龄、性别、身高、体重以及同年龄、同性别中的不同个体存在一定的差异性。因此，在评价身体素质和运动能力时，需要参考身高和体重等重要因素。③ 综合评价法。通常情况下，对身体素质的全面发展水平进行评价，需要进行全面的综合评价。然而由于各项目和指标的计量单位各不相同，不能相加，因此，这就要求评价方法必须标准化。国外通常将测验成绩转换成标准分，其评价方法主要有Z标准分和T标准分。Z标准分中，一个Z分表示一个测验成绩得分在平均数之上或之下相当于多少个标准差；Z分的平均数为0，标准差是1；Z分有可能是负数或分数。T标准分中，T分为正数，小数可四舍五入为整数。在采用T标准分进行综合评价时，将各项指标的T分累加成T总分，便可评价多项综合水平。

2.定性指标的定量评价方法

所谓的定性指标指有确定的测量单位的指标，也被称为质量指标或软指标。定性指标的定量评价又称为经验评价法，它主要是以专家的多年实践所积累的专业经验为依据。由于这种方法会对评价的有效性和客观性产生一定的影响。因此，这种指标在以质量学思想为基础的评价方法（如质量学对质量的定量评分方法、调查研究法等）中较为适用。

运用综合评价方法对个体的身体素质和运动能力的全面发展水平进行综合评价时，需要结合被评价者的性别、年龄为主要依据，对相应的单项评分表进行评价，并将各单项得分合计成总分；而对集体的身体素质和运动能力进行综合评价时，可按集体的平均总分进行直接比较，也可将每个集体中个人总分按照综合评价标准将所属评价等级查出来，然后按照5、4、3、2、1的方式计算集体总分并进行对比（人数应相等）。

参考文献

[1] 曹定汉. 走跑与健身. 合肥：中国科学技术大学出版社，2007.
[2] 田麦久. 运动员基础训练过程及训练计划的制定. 北京：北京体育大学出版社，2006.
[3] 杨世勇等. 体能训练学. 第2版. 成都：四川科学技术出版社，2007.
[4] 王兴林. 田径运动概论. 北京：科学出版社，2009.
[5] 李鹏. 高中体育教学分析. 现代教育，2007（12）.
[6] 张贵敏. 现代田径运动教学与训练. 北京：人民体育出版社，2005.
[7] 张英波. 现代体能训练方法. 北京：北京体育大学出版社，2006.
[8] 刘黎明，苏萍. 田径运动竞技与健身. 西安：西安地图出版社，2008.
[9] 张洪潭. 运动训练理论的基本构成及价值体系. 体育与科学，2010（3）.
[10] 顾善光. 我国体能训练存在的问题与理论思考. 体育学刊，2008.
[11] 孟刚. 田径. 北京：北京师范大学出版社，2008.
[12] 王嘉欣. 现代体育教育的体能训练目的分析. 教育学报，2006（4）.
[13] 张力为，林玲，赵福兰. 运动性心理疲劳：性质、成因、诊断及控制. 体育科学，2006（11）.
[14] 黄滨，贾思敏. 体能训练理论探析. 体育文化导刊，2012（4）.
[15] 潭成清. 体能训练. 长沙：湖南师范大学出版社，2012.
[16] 于少勇，赵志明基础体能训练. 北京：原子能出版社，2008.
[17] 邬孟君，张志胜. 田径运动原理与科学健身实践. 长春：吉林大学出版社，2014.

[18] 郑俊秋. 田径体能训练理论与实践. 长春：吉林大学出版社，2015.
[19] 王林. 竞走：现代竞走技术与训练. 北京：北京体育大学出版社，2010.
[20] 田稼禾，宋德海. 田径投掷类项目运动员专项力量训练研究. 林区教学，2015（10）.
[21] 吕新颖. 体育教学与训练的理论和实践探索. 合肥：合肥工业大学出版社，2011.